Le Duc disparu – Der verschwundene Herzog

von Gundula S. Graute

Langenscheidt

Berlin · München · Wien · Zürich
London · Madrid · New York · Warschau

Lektorat: Bettina Müller Renzoni
Französischsprachiges Lektorat: Bettina Savino
Illustrationen: Rüdiger Trebels
Umschlaggestaltung: init.büro für gestaltung, Bielefeld, unter Verwendung einer Illustration von Rüdiger Trebels

Satz: Franzis print & media GmbH, München
Druck: Mercedes-Druck, Berlin
Printed in Gemany

ISBN 978-3-468-20657-3

10010

Inhalt

Im TGV nach Südfrankreich

"La **Provence** est un **espace culturel ancien** avec beaucoup de **traditions** ..."

"Frau Häfele, bitte, wir sind doch noch in Deutschland!" Jonas hoffte, dass die Kollegin seiner Mutter jetzt nicht beleidigt war. Frau Häfele, die als Fremdsprachensekretärin arbeitete, fuhr nach Paris und hatte sich bereit erklärt, ihn bis zum Zug nach Avignon zu begleiten. Dort würde ihn dann sein Gastvater Robert Duvalier abholen und mit ihm nach Saint-Rémy fahren. Drei Wochen sollte er in der Provence bleiben und sein Französisch verbessern. Eine Vier im Zeugnis, seine Eltern waren fast ausgetickt. Jonas fand das alles halb so wild. Er interessierte sich für Technik und da war die Sprache nun mal Englisch. Und in Englisch hatte er eine Zwei. Wo also war das Problem?

Das Problem hieß Cécile und wohnte in Saint-Rémy. Sie war zwölf Jahre alt wie Jonas und, wie der Name schon sagt, ein Mädchen. Ein Mädchen! Auf dem Familienfoto, das die Duvaliers nach Stuttgart geschickt

---

Provence Landschaft im Südosten von Frankreich
espace culturel Kulturraum
ancien alt
traditions Traditionen

hatten, trug sie so ein albernes pinkfarbenes Minikleid und die braunen Haare zu einem Pferdeschwanz gebunden. Oh Mann! Und mit dieser affigen Französin sollte er die Hälfte seiner kostbaren Sommerferien verbringen. Na toll. Als seine Eltern im Frühjahr beschlossen hatten, er müsse nach Frankreich, hatte sich auf die Schnelle keine andere Möglichkeit ergeben als Familie Duvalier in Saint-Rémy. Mit Cécile. Und dazu in einem Nest mit etwa 10 000 Einwohnern mitten in der Provence und ewig weit vom Mittelmeer entfernt.

Aber jetzt saß er noch im TGV von Stuttgart nach Paris. Dieser französische Hochgeschwindigkeitszug war schon ein tolles Ding. Der Zug hielt überhaupt nicht mehr zwischen Stuttgart und Paris und brauchte nur drei Stunden und vierzig Minuten. Jonas hatte in den letzten Tagen einiges über den TGV im Internet gelesen – sofern es in deutscher Sprache zur Verfügung stand. Sie würden am Gare de l'Est, also dem Ostbahnhof, ankommen, und dann mit der Métro, also der U-Bahn, zum Gare de Lyon fahren müssen. Einen zentralen Hauptbahnhof wie in Stuttgart gab es in Paris ja nicht.

“Na gut, hoffentlich gelingt es der Familie in Saint-Rémy, dich zum Französischsprechen zu ermuntern”, entgegnete Frau Häfele. Sie war noch ziemlich jung, keine dreißig, und immer nach der letzten Mode gekleidet. Jetzt trug sie doch glatt ein ziemlich enges, weißes Sommerkleid und Stöckelschuhe. Nicht gerade das richtige Reiseoutfit, dachte Jonas, aber wenn man nach Paris fährt ...

"Also ich freue mich so richtig auf Paris", sagte Frau Häfele, "das Centre Pompidou, der Louvre, das sind außergewöhnliche Museen, da kann ich jedes Jahr wieder hingehen. Und die Boutiquen dort, dafür gibt es – **pardon** – keinen anderen Ausdruck als '**très chic**'. Weißt du schon, was du dir in der Provence anschauen willst, Jonas?"

"Ähm, ja, also das hängt ja wohl von der Familie Duvalier ab. Ich meine, ob sie Zeit haben und so." Jonas war verlegen. Er hatte aus Protest keinen Blick in den Reiseführer geworfen, den seine Eltern ihm gekauft hatten. Kultur war nicht so sein Ding. Und etwas anderes gab es da ja wohl nicht – der Mittelmeerstrand lag jedenfalls in weiter Ferne.

"Haben die Duvaliers auch Kinder in deinem Alter?"

"Ja, eine Tochter, Cécile, die ist so alt wie ich. Ihre Brüder sind jünger, beide sieben."

"Zwillinge, wie niedlich! Und mit Cécile wirst du dich bestimmt gut verstehen, du wirst sehen."

---

pardon Entschuldigung
très chic todschick

Jonas seufzte und schaute aus dem Fenster. Inzwischen waren sie in Frankreich. Die Landschaft sauste vorbei, kein Wunder bei 300 Stundenkilometern. Warum glaubten Erwachsene eigentlich, dass man mit Mädchen etwas anfangen konnte? Auch seine Mutter hatte getönt: "Schön, das Mädchen ist genauso alt wie du. Ihr werdet sicher viel Spaß haben!"
Sein Vater hatte nur gesagt: "Hoffentlich!", und ihn dabei angesehen, als geschehe es ihm recht, drei Wochen mit einem Mädchen zu verbringen, nachdem er Französisch hatte schleifen lassen.

"Mesdames et Messieurs, bonjour! Nous arrivons à Paris Gare de l'Est **dans quelques instants**."
Frau Häfele wandte sich an einen jungen Mann: "Pardon, Monsieur, pourriez-vous nous aider à porter les valises, s'il vous plaît?"
"Mais bien sûr, Madame." Der Mann holte die beiden Koffer aus dem Gepäcknetz und war schon in Richtung Ausgang unterwegs, als Frau Häfele ihm noch ein "Merci beaucoup, **c'est très aimable à vous**" hinterher rief.

---

dans quelques instants in Kürze
c'est très aimable à vous das ist sehr lieb von Ihnen

Auf dem Bahnsteig war eine Menge los. Die beiden kämpften sich mit ihrem Gepäck bis zur U-Bahn-Station durch.
“Warte hier und pass auf”, sagte Frau Häfele, “ich muss die Karten kaufen und auf den Plan schauen.”
Jonas sah sich um. Waren das Menschenmassen! Er war noch nie in einer so großen Stadt gewesen, seine Familie hatte immer Urlaub am Meer oder in den Bergen gemacht. Frau Häfele kam mit den Karten zurück, die sie am Automaten geholt hatte, und studierte den Metroplan an der Wand.
Ein älterer Herr kam ihr zur Hilfe: “Où est-ce que vous voudriez aller, Madame?”, fragte er.
“À la **Gare de Lyon**.”
“**Il n’y a pas de ligne directe.** Vous devez prendre la ligne cinq **en direction** de ‘Place d’Italie’. À la **station** ‘Bastille’, vous prenez la ligne **numéro** 1, direction ‘Château de Vincennes’. La prochaine station, c’est ‘Gare de Lyon’.”
Jonas schwirrte der Kopf. Er war heilfroh, dass er das alles nicht selbst herausfinden musste. Gemeinsam mit Frau Häfele mühte er sich ab, das ganze Gepäck durch

---

Gare de Lyon (Pariser Bahnhof)
Il n’y a pas de ligne directe. Es gibt keine direkte U-Bahnlinie.
en direction (de) in Richtung
station U-Bahnstation
numéro Nummer

das Drehkreuz der U-Bahn zu bekommen. Auf dem Weg durch die Gänge stellte er fest, dass die Franzosen seltsam waren. Ein supermodernes Schnellzugsystem und dann diese vielen Bahnhöfe in Paris, die nicht einmal direkt miteinander verbunden waren. Die U-Bahn war ganz schön voll und sie mussten stehen. Das Umsteigen war auch ziemlich nervig, und Jonas war froh, als sie am Gare de Lyon endlich wieder ans Tageslicht kamen. Jetzt würde er bald auf sich allein gestellt sein.

"Wir haben noch fast eine Dreiviertelstunde Zeit", sagte Frau Häfele, "also ich brauche erst einmal was zu trinken!" Sie steuerte einen der vielen Kioske in der Bahnhofshalle an. "Was möchtest du haben?"
"Eine Cola", sagte Jonas, aber Frau Häfele schüttelte den Kopf.
"Deine Mutter und ich, wir sind uns einig, dass dieses koffeinhaltige Zuckerzeug nichts für Kinder ist." Sie wandte sich an die Verkäuferin: "Un **Perrier** et un **Orangina**, s'il vous plaît."
"Une **paille** pour le jeune homme, Madame?"
"Oui, merci, c'est gentil."

Perrier (kohlensäurehaltiges Mineralwasser)
Orangina (französische Limonade)
paille Strohhalm

Frau Häfele reichte ihm eine komische kugelige Flasche mit orangefarbenem Inhalt und einem Strohhalm drin. Jonas probierte. Es war Orangenlimonade und sie schmeckte gar nicht schlecht. Nicht ganz so süß wie das, was er in Stuttgart manchmal trank. Aber eigentlich schworen seine Eltern ja auf Apfelschorle. Da durfte er direkt froh sein, dass Frau Häfele ihm kein Wasser verordnet hatte.

"Danke, Frau Häfele, schmeckt gar nicht schlecht."

"C'est bon, **n'est-ce pas**?", fragte die Verkäuferin. "Eh oui, Orangina, c'est typiquement français."

"Oui, c'est délicieux", sagte Jonas und wunderte sich, dass die Franzosen sogar auf ihre Limonade stolz waren.

Nachdem sie ausgetrunken hatten, brachte Frau Häfele ihn zum TGV nach Avignon, und dann war Jonas wirklich allein. Er blätterte ein wenig in dem Reiseführer, den seine Mutter ihm noch in letzter Minute in den Rucksack gesteckt hatte, aber die Bilder von Lavendelfeldern, Olivenhainen und alten Gemäuern machten ihm auch keine Lust auf Saint-Rémy. Noch über drei Stunden Zugfahrt! Auch wenn er zugeben musste, dass so ein TGV wirklich schnell war, hatte er die Nase voll von der Zugfahrerei. Er spielte nervös und lustlos mit seinem Handy und fuhr

---

n'est-ce pas nicht wahr

sich ab und zu mit der Hand durch die dunkelblonden Locken. Wie würden die drei Wochen wohl werden? Würde er sich überhaupt verständlich machen können? Und würde er die Tage ganz mit Cécile verbringen müssen?

"Boissons, chocolat, sandwichs!"
Jonas sah auf. Ein uniformierter Mann schob einen Minibar-Wagen vor sich her. Eine Cola wäre jetzt nicht schlecht, überlegte er. Die Orangina am Bahnhof war ja ganz okay gewesen, aber jetzt hatte er endlich die Gelegenheit zu trinken, was er wollte.
"Une cola, s'il vous plaît", sagte er an den Uniformierten gewandt.
"Pardon, jeune homme?", fragte dieser.
Cola ist Cola, dachte Jonas verärgert. Er zeigte auf die Plastikflasche mit dem roten Etikett.
"Ah, un coca. Deux **euros** cinquante, s'il vous plaît."
Das fängt ja gut an, dachte Jonas genervt. Er nahm die Flasche und gab dem Mann zehn Euro.
"Vous n'auriez pas les cinquante **centimes**?"
Jonas gab dem Kellner das Kleingeld, bekam acht Euro zurück und konnte sich seiner Cola und seinen düsteren Gedanken widmen.

---

euros Euros
centimes Eurocents

Ankunft in der Provence

Der Zug lief auf dem Bahnhof in Avignon ein. Jonas steckte sein Handy ein, setzte seinen Rucksack auf, nahm seinen Rollkoffer und stieg aus. Jetzt hielt er Ausschau nach einem großen braunhaarigen Mann mit einem dicken Schnauzbart wie auf dem Foto, das ihm die Familie Duvalier geschickt hatte. Plötzlich stand ein Mann in Polizeiuniform vor ihm.

"Tu es Jonas Pallhuber de Stuttgart, n'est-ce pas?", sagte der Polizist in ausgesucht langsamem Französisch zu Jonas.

Der nickte.

"**Bienvenue**. Moi, c'est Robert. Viens, on prend la voiture pour aller à Saint-Rémy."

"Et Monsieur Duvalier, il est où?", fragte Jonas verwirrt.

"Mais c'est moi, jeune homme. Je suis **policier**. Tu n'as pas lu la lettre?"

"**Si**, mais …" Jonas war verunsichert. Er hatte sich das Gesicht mit dem Schnauzbart genau eingeprägt, doch dieser Mann war völlig glattrasiert. "Monsieur Duvalier a un ... un ..."

---

bienvenue Willkommen
policier Polizist
si doch

Jonas wusste nicht weiter und strich sich mit dem Zeigefinger unter der Nase. Der Polizist lachte.
"C'est vrai, sur la photo, j'avais **encore** la moustache. Mais ma femme ne m'aimait pas avec. **C'est pourquoi je l'ai rasée**. **Allons-y**, Cécile t'attend **déjà**."
Monsieur Duvalier nahm Jonas den Koffer ab und sie gingen zum Parkplatz.
Jonas fragte mehr aus Höflichkeit als aus wirklichem Interesse: "Pourquoi Cécile n'est-elle pas venue à la gare?"
"**Elle était en retard** pour aller au **centre équestre** où elle **traîne** tous les jours."
"Centre comment?", fragte Jonas erstaunt.
"Centre équestre, elle **fait du cheval**", antwortete Robert Duvalier.
Auch das noch, diese Cécile hat den Pferdetick. Jonas seufzte innerlich. So wie die Mädchen in seiner Klasse. Zeigten sich gegenseitig Pferdebilder, lasen Pferdebücher und gaben mit ihren Reitstunden an. Er hätte sich im Französischunterricht doch mehr an-

---

encore noch
c'est pourquoi deshalb
je l'ai rasée habe ich ihn abrasiert
allons-y lass uns gehen
déjà schon
elle était en retard sie war spät dran
centre équestre Reiterhof
traîne herumhängt
fait du cheval reitet

strengen sollen, dann könnte er jetzt richtig Ferien machen, am Strand oder so.

Nach einer guten halben Stunde in Richtung Süden, vorbei an kleinen Dörfern mit alten Häusern und Olivenhainen, waren sie da. Es sah hier wirklich aus wie in dem Reiseführer, stellte Jonas fest. Vor einem Einfamilienhaus am Stadtrand stiegen sie aus und Monsieur Duvalier klingelte. Die Tür wurde geöffnet und sie standen einer blonden Frau mit Häubchen und bodenlangem, naturfarbenen Leinenkleid und Schürze gegenüber. Hinter ihr zwei kleine, blonde, völlig gleich aussehende Jungen, ebenfalls ziemlich altertümlich gekleidet, mit schlabbrigen braunen Hosen und sackartigen Hemden. Das waren zweifellos Madame Duvalier und die Zwillinge Maurice und Vincent. Aber was hatten die für komische Klamotten an? Auf dem Foto waren sie doch noch ganz normal gewesen. Schließlich kam noch Cécile, ebenfalls in langem Kleid und Schürze, die braunen Haare zu einem Dutt aufgesteckt. Waren die Duvaliers etwa so einer komischen Sekte beigetreten? Jonas musste ziemlich dümmlich geschaut haben, denn auf einmal fing die ganze Familie an zu lachen.
"Mais c'est pour la **fête**, tu vois? Nous avons essayé les vêtements que nous porterons au marché. Mais

---

fête Fest

d'abord: bienvenue chez nous à Saint-Rémy!" Madame Duvalier umarmte Jonas und begrüßte ihn nach französischer Art mit Küsschen rechts und links. Jonas hatte nicht viel von ihrem Redefluss verstanden. Die Zwillinge grinsten nur und stießen einander in die Seite, und auch Cécile verzichtete zu Jonas' Erleichterung auf die französische Begrüßung. Sie führte ihn in sein Zimmer, das heißt, es war eigentlich ihr Zimmer, sie würde vorübergehend bei ihren Brüdern schlafen. Pferdeposter, Pferdebücher überall – eine Pferdetussi eben.

Als er zum Abendessen herunterkam, war die ganze Familie wieder normal gekleidet, und er erfuhr, dass der Nachbarort Les Baux kurz vor dem kulturellen Höhepunkt des Jahres stand: l'**Assaut du Château**. Ein Mittelalterspektakel mit Vorführungen, nachgestellten Schlachten und einem Mittelaltermarkt. Die Duvaliers waren aktive Mitglieder einer Kirchengemeinde, die am Wochenende einen Stand auf dem Markt haben würde. Dazu hatten sie die Kostüme bekommen und waren gerade am Anprobieren, als Jonas angekommen war. Für Monsieur Duvalier gab es kein Kostüm. Als Chef der Polizeistation von Saint-Rémy wurde er anderweitig gebraucht. Aber für Jonas hatten sie auch eines besorgt. Kratzige weite

---

Assaut du Château Erstürmung der Festung

Schlabberhosen, etwa dreiviertellang, auch so ein blödes Sackhemd, aber immerhin mit Gürtel, alles in einer undefinierbaren braun-beigen Farbe, und eine hässliche Filzkappe. Die würde er aber nicht tragen, auf keinen Fall.

Nach dem Essen saß er noch eine Weile mit Cécile in ihrem Zimmer. Eigentlich war er ja hundemüde, aber die Höflichkeit schien es wohl zu erfordern, dass er noch Konversation machte.
"Qu'est-ce que tu aimes dans la **vie**?", fragte Cécile.
"J'aime les ordinateurs", antwortete Jonas, "j'ai mon **Mac** à moi et j'adore **internet**. On **y** trouve **tout**."
Cécile sah ihn mit ihren graugrünen Augen etwas spöttisch an. Bestimmt wusste sie nicht einmal, wie man einen Computer einschaltet.
"Moi aussi, je les aime, les ordinateurs", meinte sie dann. "Je préfère **quand même** les chevaux. J'ai pris des **leçons d'équitation**, mais j'ai du **arrêter**, parce que j'avais des mauvaises **notes** à l'école. Normale-

---

vie Leben
Mac (Abkürzung für Macintosh)
internet Internet
y dort
tout alles
quand même trotzdem
leçons d'équitation Reitstunden
arrêter aufhören
notes Noten

ment, **pendant** les vacances, je devais aller tous les jours au centre ..."

Aha. Cécile hatte also auch etwas Besseres vor, als die Ferien mit einem Deutschen zu verbringen, dem man alles drei Mal und ganz langsam sagen musste. Warum war er eigentlich hier?

"Est-ce que tu as un **portable**?", fragte Cécile ihn noch.

Portable, tragbar, was meinte sie denn jetzt schon wieder?

"Un petit téléphone", erklärte Cécile.

"Un portable, bien sûr, oui **j'en ai un**!" Jonas zog sein Handy hervor und zeigte Cécile die Spiele. Immerhin, damit konnte er sie beeindrucken. Doch nach einer Weile fing er an zu gähnen.

"**J'ai sommeil.**"

"C'est normal après un **si** long **voyage**, **va te coucher**, bonne nuit", verabschiedete sich Cécile.

Als Jonas im Bett lag, wusste er nicht so recht, was er von der ganzen Sache halten sollte. "L'Assaut du Châ-

---

pendant während
portable Handy
j'en ai un ich habe eins
J'ai sommeil. Ich bin müde.
si so
voyage Reise
va te coucher geh' schlafen

teau" hörte sich ganz interessant an. Als Jonas etwa acht Jahre alt war, hatte er viel mit seiner Ritterburg gespielt und Kinderbücher über Ritter und Burgen gelesen. Und das konnte er jetzt quasi live erleben. Den Marktstand und die Verkleiderei hätte er sich aber lieber gespart. Gut, dass seine Kumpels in Stuttgart ihn nicht in diesem Aufzug sahen. Die Familie Duvalier war ja nett und gastfreundlich. Aber Cécile mit ihrem Pferdetick! Würde sie ihn etwa auf diesen Reiterhof schleppen? Zum Stall ausmisten und striegeln oder was diese Mädchen sonst noch so toll fanden? Jonas hoffte, in diesen Ferien keinem einzigen Pferd über den Weg laufen zu müssen, und schlief ein.

Der "Duc **d'**Anjou"

Beim Frühstück am Samstag war Céciles Vater nicht dabei.
"**Il s'occupe** de la **sécurité** au château des **Baux-de-Provence**", erklärte Madame Duvalier, während sie Milchkaffee und Kakao einschenkte. Die tranken doch tatsächlich aus diesen Schüsseln, den "bols", wie die Familie in seinem Französischbuch. Dazu gab es frisches Weißbrot und Marmelade. Danach fuhren alle zusammen die acht Kilometer nach Les Baux. Die Familie sollte erst am Sonntag am Marktstand der Kirchengemeinde helfen, so konnten sie alle in normaler Kleidung aufbrechen.

Die Autofahrt nach Les Baux war beeindruckend. Sie fuhren auf eine Hochebene zu, über der sich die Reste einer großen Festungsanlage erhoben. Unterhalb der Burg war eine Ortschaft, an den Felsen geklebt wie ein Raubvogelnest. Madame Duvalier stellte den Wagen auf einem der Parkplätze am Fuß des Felsens

---

duc Herzog
Anjou (historische Provinz in Frankreich)
il s'occupe (de) er kümmert sich (um)
sécurité Sicherheit
(Les) **Baux-de-Provence** (Ort in der Provence mit einer berühmten Burgruine, umgangssprachlich Les Baux genannt)

ab und gab Cécile und Jonas je eine Anstecknadel mit einer stilisierten Burgruine.
"Pour nous, l'entrée est **gratuite**. **Nous nous retrouverons** à midi et quart devant l'église. **D'accord? Pas de bêtises!**" Und an ihre Tochter gewandt: "Et ne t'occupe pas des chevaux des **troupes médiévales**!"
Cécile nickte und guckte etwas genervt, aber Jonas verstand nicht warum. Immerhin ließ ihre Mutter sie allein herumlaufen.

Cécile und Jonas stiegen die enge Gasse bergauf. Kleine, alte Häuser drängten sich an der Straße, alles Souvenirgeschäfte, Cafés oder Restaurants.

"Il y a **seulement une vingtaine** de **personnes** qui habitent ici", erklärte Cécile. "Ils travaillent tous dans le **tourisme**."
In der Rue du Château war der Mittelaltermarkt aufgebaut. An den Ständen wurden Ledersachen und

---

gratuite kostenlos
nous nous retrouverons wir treffen uns
D'accord? Einverstanden?
Pas de bêtises! Keine Dummheiten!
troupes médiévales Mittelalter-Showtruppen
seulement nur
une vingtaine um die zwanzig
personnes Personen
tourisme Tourismus

Leinenkleider oder Silberschmuck verkauft, und es gab auch mittelaterliche Imbiss-Stände. Die Leute an den Ständen trugen mittelalterliche Kostüme und Hemden in Naturfarben, und Jonas dachte mit Grausen an seinen Auftritt am Sonntag. Cécile verschwendete glücklicherweise keine Zeit in den Geschäften oder auf dem Markt, sondern stieg zielgerichtet bergauf in Richtung Burg. Wenn Jonas dagegen an seine ältere Schwester dachte! Mit der wäre er vor Einbruch der Dunkelheit nicht oben angekommen. Auch wenn er es nicht gern zugab, dieser historische Ort beeindruckte ihn.

"Comme c'est beau Les Baux", sagte er und kam sich wieder einmal recht einfältig vor mit seinem schlichten Französisch.

"**Tu n'as encore rien vu**, attends de voir le château", meinte Cécile. Und da waren sie auch schon oben.

Die Männer am Einlass – sie trugen weite, helle Hosen, eine Art dunkelblaues Kapuzenhemd und darüber eine hellbraune Weste – warfen einen kurzen Blick auf ihre Anstecknadeln und ließen sie passieren. Vorbei an einer kleinen Kapelle gingen sie auf die Festungsmauern zu und es bot sich ihnen ein atemberaubender Blick. Der Felsen, auf der die Burg erbaut

---

tu n'as encore rien vu du hast noch nichts gesehen

worden war, fiel steil ab und darunter erstreckte sich die Hochebene. Jonas erkannte Weinreben – die gab es in Stuttgart ja auch – und Olivenhaine.
“Le vin et les **olives** des Baux sont très **connus** et très **chers**”, erklärte Cécile und hörte sich wie eine Touristenführerin an.
Ob sie jetzt wohl Jahreszahlen runterrasseln würde? Immerhin gab es hier draußen kein ‘très chic’. Dann besichtigten sie die Burganlage. Sie war voller Menschen, Touristen in Sommerkleidung und Mitglieder der verschiedenen Showtruppen in mittelalterlichen Gewändern.
“Richelieu **a détruit** le château **au dix-septième siècle**”, sagte Cécile noch und beließ es dabei. Wer auch immer dieser Richelieu war, er hatte genug übrig gelassen, dass man sich das Ritterleben im Mittelalter gut vorstellen konnte. Ruinen zwar, aber was für welche! Das Burggelände war ziemlich groß und mit etwas Phantasie konnte man sich die zerstörten Gebäude, darunter auch imposante Türme, gut vorstellen. Eine Ruine hatte es Jonas besonders angetan: Die Mauern waren dick und auf einer Seite konnte man sie – abgesichert durch ein Geländer – sogar

---

olives Oliven
connus bekannt
chers teuer
a détruit hat zerstört
au dix-septième siècle im 17. Jahrhundert

besteigen. Oben wehte ein bunter Wimpel an einem Fahnenmast.
"Qu'est-ce que c'est?", fragte er Cécile.
"C'est le **donjon**", erklärte sie.
"Donjon?", fragte Jonas verwirrt?
"C'était **la plus grande tour** du château. **Là**, où tout le monde **se réunissait**."
Ach so, ein Wehrturm war das. Jonas fiel eines der Bücher ein, die er so gern angeschaut hatte. Im Erdgeschoss musste der große Rittersaal mit der Feuerstelle gewesen sein und im ersten Stock die Privatgemächer des Burgherrn.

Etwas entfernt standen auch drei riesige Katapulte, mittelalterliche Belagerungsgeräte. Jonas hätte sich das gern näher angesehen, doch Cécile ging geradewegs auf eine Gruppe Männer mit Pferden zu. Zwei gestikulierten heftig und schrien sich an.
"Non, **jamais**!", rief der eine noch, und dann zogen ihn andere am Ärmel zurück.
"Et si, et **encore aujourd'hui**!", sagte der andere, ein dicklicher Mann mit Halbglatze, und ging davon.

---

donjon Donjon
la plus grande tour der größte Turm
là dort
se réunissait sich versammelten
jamais niemals
encore aujourd'hui heute noch

Cécile ging sofort auf die Pferde zu und streichelte einem schönen fuchsfarbenen Tier vorsichtig über den Nasenrücken.

Sofort schoss der Mann, der sich eben noch mit dem Dicklichen gestritten hatte, auf sie zu und beschimpfte sie mit einem Wortschwall: "Qu'est-ce que tu fais là? **Qui est-ce qui** t'a dit de **toucher** à mon cheval? Tu ne sais pas que c'est dangereux?"

Jonas fiel Madame Duvaliers Warnung ein und es wurde ihm ein wenig mulmig. Doch Cécile schien keinerlei Angst zu haben.

"Ce n'est **pas du tout** dangereux quand on connaît les chevaux. Je fais du cheval et je travaille aussi dans un centre équestre. Je sais très bien comment il faut faire avec les chevaux. Je n'ai jamais vu un cheval **si** beau! **D'habitude**, je préfère les chevaux noirs, mais **celui-ci**, c'est le plus beau des **alezans que je n'ai jamais vu**. **Comment s'appelle-t-il?**"

Der Mann lächelte geschmeichelt und seine Wut schien verraucht. Er griff das Pferd am Zügel und

qui est-ce qui wer
toucher (à) anfassen
pas du tout überhaupt nicht
si so
d'habitude gewöhnlich
celui-ci dieses hier
alezans Fuchs (Pferd)
que je n'ai jamais vu den ich je gesehen habe
Comment s'appelle-t-il? Wie heißt er?

sagte stolz: "Il est **formidable**, mon cheval, n'est-ce pas? Il s'appelle Duc d'Anjou. **En référence** à Charles d'Anjou, qui, au **Moyen Âge**, était le premier d'une longue **dynastie** de ducs d'Anjou ..."
Der Mann stellte sich als François Marmorat vor, Chef der Mittelalter-Showtruppe "Les Chevaliers des **Alpilles**". Er schien so um die dreißig Jahre alt zu sein und hatte braune, schulterlange Haare. Auch François Marmorat und die anderen Männer waren

---

formidable toll
en référence (à) nach
Moyen Âge Mittelalter
dynastie Dynastie
Alpilles Alpillen (Bergkette im Herzen der Provence)

mittelalterlich gekleidet. Sie hatten alle lange Haare, trugen braune Lederstiefel, enge schwarze Hosen, die eher wie Leggings aussahen, und darüber blaue, langärmelige Hemden. Auf einem einfachen Tisch lagen Kettenhemden, Helme sowie rote, ärmellose Gewänder mit einem bunten Wappen drauf. Tja, die Ritter hatten es eben besser als das Fußvolk, dachte Jonas und wünschte sich, er könnte am Sonntag auch Ritterkleidung tragen anstatt der kratzigen, graubraunen Schlabbersachen.

Cécile winkte Jonas heran, und als er auf die Pferde zuging, musste er plötzlich niesen.

Sie war unglaublich neugierig und bestürmte François mit Fragen: "**Participez-vous aux concours hippiques?** Où avez-vous acheté le Duc? Avez-vous une **écurie** pour les chevaux?"

François lachte. "**Doucement**, doucement! D'abord, on peut se **tutoyer** – entre **amateurs de chevaux**. Comment t'appelles-tu?"

"Cécile", antwortete sie, sichtlich stolz darauf, dass François sie ernst nahm. "Alors, tu as une écurie?"

Participez-vous aux concours hippiques? Nehmen Sie an Reitturnieren teil?
écurie Pferdestall
doucement langsam
tutoyer duzen
amateurs de chevaux Pferdeliebhabern

"Non", sagte François und schüttelte den Kopf. "Nous participons seulement à des fêtes médiévales. **L'élevage et les concours ne m'intéressent pas.** J'adore mes chevaux, **surtout** mon Duc, il est le **compagnon** d'un vrai chevalier."
Der Typ ist aber komisch, dachte Jonas. Als ob die Ritter keine Pferdezucht betrieben hätten und als ob Turniere keine Wettkämpfe gewesen wären.
"Et où as-tu acheté le Duc? Il doit être très cher."
"Je ne sais pas combien **il vaut** et cela ne m'intéresse pas. **J'ai hérité le Duc** d'un oncle. **Cela arrive** que les gens veulent acheter mon Duc. Mais je ne le vends pas, **même si** je n'ai pas beaucoup d'argent."

Irgendwie ziemlich durchgeknallt, dachte Jonas.
Cécile konnte sich gar nicht von den Pferden losreißen, aber François scheuchte sie weg, denn die Tiere brauchten Ruhe vor der Vorstellung am Nachmittag.
Jonas hätte sich gern noch weiter auf der Burg umgesehen. Vor allem wollte er endlich wissen, was es mit den Katapulten auf sich hatte, aber die enttäuschte Cécile wollte wieder hinunter in die Stadt.

L'élevage et les concours ne m'intéressent pas.
Die Zucht und die Turniere interessieren mich nicht.
surtout vor allem
compagnon Gefährte
il vaut er wert ist
j'ai hérité le Duc ich habe den Duc geerbt
cela arrive es kommt vor
même si auch wenn

Im Eiscafé

Auf dem Weg nach Les Baux hinunter schwärmte Cécile von dem fuchsfarbenen Duc d'Anjou. Jonas verstand nicht viel von ihrer Fachsimpelei über Pferde, hatte aber auch keine Lust nachzufragen. Eines interessierte ihn aber doch: "Pourquoi François t'a-t-il montré le cheval? Il était si méchant avec l'**autre** monsieur **tout à l'heure**."
"Parce que j'ai dit que son cheval est le plus beau et que **je m'y connais en chevaux**!"
An Selbstbewusstsein mangelte es Cécile offenbar nicht.

"Salut Cécile, ça va?" Ein Mann kam auf die beiden zu gelaufen. Er sah sympathisch aus – rötliche Haare, Sommersprossen und ein irgendwie jungenhaftes Grinsen. "Tu as déjà vu les chevaux au château?"
"Mais bien sûr", antwortete Cécile.
Sie stellte Jonas den Mann vor: Arnaud Lavalois aus Paris, der mit seiner Frau Urlaub auf dem Reiterhof machte, wo sie die letzten Tage viel gewesen war.

---

autre anderen
tout à l'heure vorhin
je m'y connais en chevaux ich mich mit Pferden auskenne

“**Permettez-moi de vous inviter à manger une glace**”, sagte Arnaud Lavalois.
Jonas schaute Cécile skeptisch an. Sich von einem wildfremden Mann zum Eisessen einladen lassen? Doch sie schien das nicht so eng zu sehen.
“**Ben** …”, überlegte Cécile kurz und schaute dabei auf die Uhr, “pourquoi pas, **il nous reste encore** une demi-heure.”
Und schon steuerten die drei das nächste Straßencafé an.
Naja, dachte Jonas, sie kennt den Mann ja vom Reiterhof. Und überhaupt, was sollte am hellichten Tag in einem Café voller Touristen schon passieren? Der Fruchteisbecher war lecker, aber das Gespräch zwischen Arnaud Lavalois und Cécile langweilte Jonas. Es drehte sich ausschließlich um Pferde.
“Avez-vous déjà vu le Duc d'Anjou? Il est beau **comme tout**. C'est l'alezan le plus grand de la troupe.” Sie war in ihrem Redefluss nicht zu bremsen. Pferde, Pferde und nochmal Pferde.
Jonas sah sich lieber die Leute in der engen Gasse an.

Permettez-moi de vous inviter à manger une glace.
Erlaubt mir, euch auf ein Eis einzuladen.
ben äh
il nous reste encore wir haben noch
comme tout sehr

Plötzlich rief Cécile: "Oh, **il se fait tard**!", und sprang auf. "Maman est très **stricte quand il s'agit d'être à l'heure**."
Die beiden bedankten sich schnell für das Eis und liefen zur Kirche, wo Madame Duvalier sie schon mit gerunzelter Stirn und den Zwillingen im Schlepptau erwartete.
"**Dépêchez-vous**, nous sommes invités chez ma **copine** Brigitte!"
In wenigen Minuten war der ganze Tross bei Brigitte Boissonnet angelangt. Madame Duvaliers beste Freundin wohnte in der Rue de l'Église und gehörte zu den wenigen Bewohnern von Les Baux, denn sie war die Chefin des Burgmuseums.

Madame Duvalier klingelte, und die Tür wurde von einer zierlichen Frau mit einem langen dunklen Zopf geöffnet.
"Bienvenue", sagte sie und begrüßte alle mit Küsschen rechts und links. Jonas war diese französische Begrüßerei peinlich, aber es ließ sich ja wohl nicht vermeiden.

---

il se fait tard es wird spät
stricte streng
quand il s'agit d'être à l'heure wenn es um Pünktlichkeit geht
dépêchez-vous beeilt euch
copine Freundin

“**J’ai préparé un petit casse-croûte**”, erklärte Brigitte Boissonnet und führte ihre Gäste in die große, gemütliche Küche. Es gab Oliven, Ziegenkäse und Ratatouille, einen Eintopf aus Auberginen, Zucchini und Tomaten. Und natürlich viel frisches Baguette. Beim Essen erzählte sie Jonas einiges über die alte Burg und ihre Geschichte. Sie sprach dabei langsam und verwendete einfache Worte, die er verstehen konnte, oder sie erklärte mittelalterliche Fachausdrücke.

Und endlich wurde er in die Geheimnisse der Kriegsgeräte eingeführt.

“Tu les as vues, les trois **catapultes**, Jonas?”

“Bien sûr, Madame, et **j’aimerais en savoir plus**.”

“D’abord, je m’appelle Brigitte, d’accord? Mais dis-moi, **as-tu remarqué quelque chose de bizarre**?”

Wieso ungewöhnlich? Die drei Belagerungsgeräte aus Holz waren natürlich Nachbauten, aber was sollte daran ungewöhnlich sein?

J’ai préparé un petit casse-croûte Ich habe einen kleinen Imbiss vorbereitet
catapultes Wurfmaschinen (zum Schleudern von schweren Kugeln)
j’aimerais en savoir plus ich wüsste gern mehr darüber
as-tu remarqué quelque chose de bizarre ist dir irgendetwas komisch vorgekommen

"Non, Madame, **je veux dire**, Brigitte", antwortete er.
"Bien, les catapultes **se trouvent** au château, **à l'intérieur des murailles**. Ce n'est pas normal."
Na klar, Jonas hätte sich ohrfeigen können. Die Katapulte müssten streng genommen außerhalb der Festungsmauern stehen, denn die Mauern sollten ja mit den Geschossen beschädigt werden.
"**Et comment fonctionnent-elles?**", fragte er.
Brigitte Boissonnet legte eine Olive auf eine Gabel und die Gabel auf ihren Teller, so dass nur ein kurzes Stück über den Rand ragte. Dann tippte sie auf das Gabelende und die Olive flog in hohem Bogen durch die Küche. Die Zwillinge applaudierten. Jetzt hatte Jonas verstanden: Die Belagerungsgeräte funktionierten nach dem Prinzip der Hebelwirkung.
"**J'aimerais bien essayer.** Mais pas avec une olive", sagte er sehnsüchtig.
"Pendant la fête, il y a **trop de monde**. **Revenez** la semaine prochaine et **j'organiserai un tir** pour

---

je veux dire ich meine
se trouvent befinden sich
à l'intérieur des murailles innerhalb der Burgmauern
Et comment fonctionnent-elles? Und wie funktionieren sie?
J'aimerais bien essayer. Ich würde es gern mal versuchen.
trop de monde zu viele Menschen
revenez kommt … wieder
j'organiserai un tir ich werde ein Schießen organisieren

vous", antwortete Brigitte Boissonnet. "**Mais maintenant, je dois continuer à travailler**."
"J'ai encore une dernière question, Brigitte", sagte Jonas, der hier bei Brigitte Boissonnet überhaupt keine Scheu hatte, Französisch zu sprechen. "Y a-t-il des **passages secrets** au château?"

Mais maintenant, je dois continuer à travailler. Aber jetzt muss ich weiterarbeiten.
passages secrets Geheimgänge

"Oui, mais nous n'en parlons pas, parce qu'ils sont très dangereux. **Mais là**, je dois y aller pour voir mes **collègues**."

"Nous pouvons **faire la vaisselle**", bot Madame Duvalier an, aber ihre Freundin lehnte ab: "**Il n'en est pas question!**"

"**Tant mieux**", raunte Cécile Jonas zu, "Brigitte n'a pas de **lave-vaisselle**."

Abwaschen war auch nicht gerade Jonas' Hobby, aber für Brigitte Boissonnet hätte er glatt die Spülbürste geschwungen!

Sie verabschiedeten sich rasch von Brigitte, die das Haus zusammen mit ihnen verließ, und brachen zur Festung auf. Dort sollten jetzt die verschiedenen Vorführungen beginnen.

"Von mir aus gern auch mit dem Duc", dachte Jonas, den das gute Essen und die interessanten Erzählungen versöhnlich gestimmt hatten.

---

mais là aber jetzt
collègues Kollegen
faire la vaisselle Geschirr spülen
Il n'en est pas question! Kommt nicht in Frage!
tant mieux umso besser
lave-vaisselle Spülmaschine

Der Duc ist weg!

Am Eingang zur Burg wurden sie von Monsieur Duvalier erwartet. Er wollte sie an die Stelle führen, wo man das Turnier am besten sehen konnte. Danach würden Fußtruppen die Burg "erstürmen" und dabei auch die interessanten Belagerungsgeräte nutzen, die Jonas noch gar nicht in Ruhe hatte anschauen können. Er brannte darauf, die Geräte in Aktion zu sehen.

Die ganze Familie stand vorn an dem abgesteckten Turnierplatz. Cécile war ganz aufgeregt. Sie stellte sich ein wenig in Positur, löste ihre Haare aus dem Pferdeschwanz und schüttelte den Kopf. Dabei starrte sie hinüber zu der Ecke, wo schon einige Pferde und Ritter standen. Die Mitglieder der Showtruppe trugen jetzt ihre Kettenpanzer, die roten Übergewänder und Helme. Die Helme sahen wie runde Dosen aus und bedeckten das Gesicht fast vollständig, nur ein schmaler Schlitz für die Augen blieb frei. So konnte Jonas nicht erkennen, ob auch François unter ihnen war. Auch die Pferde waren geschmückt. Sie trugen rote Tücher, passend zu den Übergewändern der Ritter, die ebenfalls mit dem bunten Wappen geschmückt waren. Der große fuchsfarbene Hengst war nicht zu sehen.

"Regardez, la belle Cécile attend son chevalier", spottete Vincent, und Maurice ergänzte grinsend: "Mais le chevalier ne s'intéresse pas aux **collégiennes**!"
"Oh **taisez-vous**, **quelle horreur, des frères aussi bêtes**!", schrie Cécile und wollte sich auf die beiden stürzen, doch ihre Mutter hielt sie zurück.
"**Arrêtez-vous, tous les trois**, nous regardons le spectacle! Jonas, que doit-il **penser de vous**?"
Das sage ich euch lieber nicht, dachte Jonas genervt.
Plötzlich klingelte Monsieur Duvaliers Handy, er nahm ab und machte ein sehr ernstes Gesicht.
"Je ne comprends pas. Comment? N'est plus là? **Vous plaisantez, j'espère.** Non, non! Oui, bien sûr. **J'arrive tout de suite!**"
Er klappte das Handy zu, steckte es in die Tasche und wandte sich an seine Familie: "Il y a un petit problème. **Rien de grave**, mais je dois aller voir mes collègues."

---

collégiennes Schülerinnen (des französischen Collège)
taisez-vous haltet den Mund
quelle horreur, des frères aussi bêtes wie entsetzlich, so doofe Brüder
Arrêtez-vous, tous les trois Hört auf, ihr drei
penser de vous von euch denken
Vous plaisantez, j'espère. Ich hoffe, das ist ein Witz.
J'arrive tout de suite! Ich komme sofort!
rien de grave nichts Schlimmes

Und weg war er. Was hatte er gesagt? “N’est plus là?” Was meinte er damit? Jetzt wurde auch Jonas etwas aufgeregt. Was wohl passiert war?

Doch erst einmal wurden alle von einem Fanfarenstoß abgelenkt und dann ging das Turnier los. Zwei Pferde stürmten aufeinander zu und die Reiter versuchten, sich gegenseitig mit stumpfen Lanzen aus dem Sattel zu stoßen. Jonas hatte so was schon einige Male im Fernsehen gesehen, aber so in unmittelbarer Nähe war das natürlich viel aufregender. Jetzt stürmten jeweils drei Reiter aufeinander zu, aber die äußeren Reiter drehten im letzten Moment ab, ritten einen kleinen Kreis und zielten wieder mit den stumpfen Lanzen aufeinander. Ein Aufschrei ging durch die Zuschauer, als einer der Ritter in hohem Bogen vom Pferd fiel. Er sprang aber gewandt wieder auf die Füße, sein Pferd kam vorbei und er schwang sich wieder in den Sattel. Toll, dachte Jonas. Das ist besser als Zirkus!

Plötzlich musste er so heftig niesen, dass er einen Moment lang nichts sah. Als er sich wieder gefangen hatte, fiel ihm auf, dass an dem Turnier schwarze und braune Pferde beteiligt waren, aber der prächtige fuchsfarbene Hengst nirgends zu sehen war.
“Viens vite!”, raunte Cécile ihm zu und zog ihn mit sich.

Madame Duvalier und die Zwillinge waren so fasziniert von dem Turnier, dass sie nicht bemerkten, wie die beiden sich an den Zuschauern vorbei zu der Ecke des Platzes schlichen. Da stand François, hielt den Kopf gesenkt und sah ziemlich verzweifelt aus.

"Où est le Duc?", fragte Cécile.

"Je ne sais pas", antwortete François tonlos.

"**Que s'est-il passé?**", fragte Jonas.

"Je ne sais pas", wiederholte François. "**J'ai laissé les chevaux pendant quelques minutes** et quand je suis revenu, le Duc n'était plus là."

"Il faut le chercher, **il ne peut pas être loin**", meinte Cécile, aber François schüttelte nur den Kopf.

"Mon Duc ... il a été volé, **j'en suis sûr**. La **police** est déjà **à sa recherche**."

Ach, darum war es bei dem geheimnisvollen Telefonat von Monsieur Duvalier also gegangen, schoss es Jonas durch den Kopf.

"Il doit être **précieux** pour toi..." begann er.

Que s'est-il passé? Was ist passiert?
J'ai laissé les chevaux pendant quelques minutes Ich habe die Pferde für ein paar Minuten aus den Augen gelassen
il ne peut pas être loin er kann nicht weit sein
j'en suis sûr da bin ich sicher
police Polizei
à sa recherche auf der Suche nach ihm
précieux wertvoll

Doch François unterbrach ihn: "Tu ne comprends rien. **Ce n'est pas une question d'argent.**"
Da wäre ich mir aber nicht so sicher, dachte Jonas beleidigt, aber bitte, mir fehlt ja kein Gaul. Er drehte sich um und drängte sich durch die Zuschauer zurück zu den anderen. Cécile blieb nichts anderes übrig als ihm zu folgen. Sie hatten Glück, ihr Fehlen war noch nicht bemerkt worden. Jonas fiel der dickliche Mann ein, der sich heute früh mit François gestritten hatte. Was hatten die beiden gesagt? Irgendwas von "jamais" oder "aujourd'hui". Ob der Dicke das Pferd wohl kaufen wollte und François so überheblich wie immer reagiert hatte? Jonas schaute sich um, aber der verdächtige Mann war nirgends zu sehen.

Nach dem Turnier strömten die Zuschauer in Richtung Burgmauer, wo gleich die Erstürmung der Festung beginnen sollte. Hunderte von mittelalterlichen Kämpfern mit Kettenhemden, Helmen, Schwertern und Lanzen standen bereit. Jonas schaute wieder zu den Katapulten und stellte sich vor, wie er sie selbst bedienen würde.
Da hörte er Céciles Stimme: "Monsieur Duhamel, qu'allez vous faire pour **retrouver** le cheval?"

Ce n'est pas une question d'argent. Es geht hier nicht ums Geld.
retrouver wiederfinden

Sie stand vor einem dürren Mann, der mit seiner modernen Polizeiuniform unter all den Rittern, Schwertkämpfern und Bogenschützen etwas fehl am Platz aussah.
Der Polizist legte den Finger auf die Lippen: "**Chut, pas si fort**, ma petite. Nous avons fermé tout le village. **C'est-à-dire** ni les chevaux, ni les **transporteurs de chevaux** ne peuvent **quitter** Les Baux **sans être controlés**. Et maintenant, regarde le spectacle **tranquillement**, ma petite."
Und damit verschwand er.
"'Ma petite', qu'est-ce qu'il croit?", meinte Cécile beleidigt.

"Mais tu as parlé comme une petite fille", meinte Jonas, und sie schaute ihn böse an. Weiber, dachte er nur. Eigentlich hatte er ihr ja von seinem Verdacht erzählen wollen, aber ihr albernes Getue ging ihm auf die Nerven. Doch ein Fanfarenstoß unterbrach seine Gedanken.

Schwertkämpfer, Bogenschützen und Männer mit Lanzen stürmten auf die innere Festungsmauer zu.

Chut, pas si fort Pst, nicht so laut
c'est-à-dire das heißt
transporteurs de chevaux Pferdetransporteure
quitter verlassen
sans être controlés ohne kontrolliert zu werden
tranquillement in Ruhe

Dabei brüllten sie Unverständliches. Was auf den ersten Blick aussah wie ein riesiges Durcheinander, schien genauso gut choreografiert zu sein wie das Ritterturnier eben. Die Angreifer richteten sich offenbar nach den Fanfaren oder nach Männern, die in so komische Tierhörner bliesen. An der Mauer angekommen, legten sie Leitern an und kletterten hinauf. Oben lieferten sie sich Schaukämpfe mit der Burgbesatzung. Unter schauerlichem Gebrüll fielen viele der Kämpfer von der Mauer, aber sie rollten sich so geschickt ab wie vorhin François' Kollege und bestiegen sofort die nächste Leiter. Einige blieben auch mit effektvoll verdrehten Armen und Beinen liegen. Profis eben. Und wieder schmetterten die Fanfaren. Unter lautem "Eh – oh" wurden die Katapulte in Position gebracht. Die Kämpfer machten etwas Platz, damit sie nicht von den schweren Steinen getroffen wurden.
Und jetzt ging ein Raunen durch die Menge: Der lange Arm eines Katapults bewegte sich nach oben und ein großer Stein flog in hohem Bogen über die Festungsmauer wie vorhin die Olive durch Brigitte Boissonnets Küche.

Spuren im Internet

Diese Burgerstürmung war schlicht genial gewesen! Alles hatte so täuschend echt ausgesehen, obwohl kein Blut geflossen war! Und erst die Belagerungsgeräte! Jonas war mit der Welt versöhnt und bereit, mit Cécile noch einmal über das Pferd und den komischen Typen von heute früh zu reden.

Während Madame Duvalier das Abendessen zubereitete, saß er mit Cécile im Garten und erörterte die Lage bei einem Glas Apfelsaft.

"**À mon avis**, le **voleur** c'est le monsieur qui **s'est disputé** avec François", begann Jonas. "Il faut le retrouver. Et il ne peut pas être **seul**, il doit avoir des **complices**, parce que le Duc est grand et **fort**."

"Et pourqoui ont-ils volé le Duc?", fragte Cécile.

"Parce que le Duc **coûte très cher**", meinte Jonas und ärgerte sich, dass er sich nicht genauer ausdrücken konnte.

à mon avis meiner Meinung nach
voleur Dieb
s'est disputé sich gestritten hat
seul allein
complices Komplizen
fort stark
coûte très cher ist sehr teuer

"Peut-être, **tu as raison**. Peut-être, le monsieur qui **a gueulé** après François a volé le Duc pour le vendre."
"Mais pourquoi a-t-il parlé avec François s'il voulait voler le cheval? Ce n'est pas **logique**." Jonas wusste auch nicht so recht weiter.
"Il voulait peut-être acheter le Duc", schlug Cécile vor, "et quand il a vu que François ne voulait pas vendre son cheval, **il a décidé** de le voler."
"Oui, **c'est possible**."
Cécile sprang auf und lief nervös auf dem Rasen hin und her. "Peut-être, peut-être. **Cela ne suffit pas**", schimpfte sie. Auch Jonas war mit diesen Spekulationen nicht zufrieden. Kaufen, verkaufen. So einfach war das bestimmt nicht. Da steckte doch sicher mehr dahinter.
Er fragte: "Avez-vous une **connexion internet**?"
"Bien sûr", antwortete Cécile.
Die beiden beschlossen, nach dem Abendessen eine Internetrecherche zu machen.

---

tu as raison hast du recht
a gueulé (après) angeschnauzt hat
logique logisch
il a décidé hat er beschlossen
c'est possible das ist möglich
cela ne suffit pas das reicht nicht
connexion internet Internetanschluss

Praktischerweise war der Familiencomputer der Duvaliers ein Laptop und ging mit W-LAN ins Internet, so dass sie sich in Céciles Zimmer verziehen konnten. Wo fangen wir nur zu suchen an, dachte Jonas und starrte auf die Pferdeposter, als könnten die ihn inspirieren. Sein Blick fiel auf eine fuchsfarbene Stute mit ihrem Fohlen. Da fiel ihm etwas ein.
"Cécile, est-ce que le Duc est un **mâle**?", fragte er.
"Bien sûr, sinon il s'appelerait **Duchesse**."
Oh Mann, er wollte jetzt keinen Französischunterricht!
"Un vrai mâle? Je veux dire, il peut avoir des petits?"

Cécile schaute ihn an, als ob er völlig bescheuert sei, dann verstand sie endlich.
"Ah, oui, le Duc n'est pas un **hongre**, il est un **cheval entier**. Je vois **où tu veux en venir**, c'est ça! C'est peut-être un **étalon**!"

Gemeinsam versuchten sie, mithilfe verschiedener Stichworte mehr über den Duc d'Anjou herauszufinden, aber auf den französischen Seiten wurden sie

---

mâle männliches Pferd
duchesse Herzogin
hongre Wallach (kastrierter Hengst)
cheval entier (unkastrierter) Hengst
où tu veux en venir worauf du hinaus willst
étalon Zuchthengst

nicht so recht fündig. Zumindest sagte Cécile das, denn so schnell, wie sie die Seiten überflog, kam Jonas nicht mit. Immerhin hatte er verstanden, dass es regelrechte Dynastien von Pferden gab, die zum Teil auf berühmte Vorfahren zurückzuführen waren.
Da fiel ihm plötzlich wieder der Familienausflug im letzten Jahr nach Marbach ein.
Das Landesgestüt unweit von Stuttgart war berühmt für seinen Zuchthengst Julmond. Das Tier war sogar auf dem Gestüt begraben und es gab eine Statue von ihm. Wenn es auch keine direkte Spur war, auf der deutschen Website des Gestüts würde er vielleicht etwas erfahren. Er rief sie auf und war baff: Die Statue, an die er sich kaum noch hatte erinnern können, sah irgendwie aus wie der Duc – oder bildete er sich das nur ein? Und noch etwas: Auch Julmond war ein Fuchs gewesen! Der ostpreußische Trakehnerhengst war nach dem Krieg nach Baden-Württemberg gekommen und hatte die Zuchtlinie mit dem württembergischen Warmblut begründet, für die Marbach berühmt war. Aber es gab auch Gerüchte über eine weitere Zuchtlinie mit Trakehnerstuten, die von der Gestütsleitung jedoch für unwahr erklärt wurden. Und wenn das doch stimmte? Aufgeregt gab Jonas verschiedene Stichworte in die Suchmaschine ein, bis er in einem Forum landete, in dem es um die Zucht von guten Reitpferden ging.

"Mais qu'est-ce que tu cherches sur ces **sites web allemands**?", fragte ihn Cécile verärgert, "le Duc est français!"
"As-tu vu la **statue** du cheval? Il s'appelle Julmond, mais il est comme le Duc et il est très connu. Attends!"
Jonas vertiefte sich in die Diskussionen im Forum. Dabei stieß er auf interessante Zahlen: mehrere tausend Euro Decktaxe für den Besitzer, wenn ein richtig wertvoller Hengst für die Zucht eingesetzt wurde. Damit wäre François ein für alle mal saniert. Und es kam noch besser: Der Thread "Julmond" behandelte das Gerücht, es gebe noch eine zweite Zuchtlinie mit Trakehnerstuten. Da schien etwas dran zu sein. Schließlich war der Hengst ja nicht direkt aus Ostpreußen nach Marbach gekommen, sondern war zuvor in Warendorf im Münsterland gewesen, wo er ebenfalls zur Zucht eingesetzt worden war. Allerdings hatte man ihn dort nicht sehr geschätzt und so war er dann über Umwege nach Marbach gekommen, wo seine Karriere als Zuchthengst ihren krönenden Abschluss fand. Also war es doch theoretisch möglich, dass es Trakehnernachfahren gab!
Aufgeregt las er: "Der letzte bekannte Nachfahre soll in Frankreich leben. Man vermutet, dass er in einem

sites web Webseiten
allemands deutschen
statue Denkmal

Zirkus o. ä. herumreist. Scheich al-Oud aus Abu Dhabi sucht nach dem Hengst. Er ist bekannt dafür, jede Summe auszugeben, um ein Pferd zu bekommen, das er sich in den Kopf gesetzt hat."

Jetzt war alles klar! Der dickliche Mann hatte François das Pferd im Auftrag des Scheichs abkaufen wollen und der Rittersmann hatte mal wieder abgelehnt!

"Écoute, Cécile", begann Jonas, "le **fameux** Julmond n'a pas passé **toute sa vie** à Marbach."

"**C'est-à-dire?**", fragte Cécile, mäßig beeindruckt.

Verflixt, das war alles so kompliziert, ihm fehlten die Worte. Wer wollte auch schon "Gestüt", "Stute", "Trakehner" und dergleichen auf Französisch wissen? Er suchte nach dem Online-Wörterbuch, das sie in Stuttgart alle benutzten, obwohl die Lehrer auf richtigen Wörterbüchern bestanden. Da gab er die schwierigen Worte ein und erklärte dann:

"Julmond était un Trakehner et avant Marbach, il avait **vécu** à Warendorf dans un autre **haras**. Ce que

---

fameux berühmte
toute sa vie sein ganzes Leben
C'est-à-dire? Das bedeutet?
vécu gelebt
haras Gestüt

je veux dire c'est qu'**il existe** peut-être des chevaux de race Trakehner dont l'**ancêtre** est Julmond."
"C'est intéressant, mais **qu'est-ce que cela a à voir** avec le Duc?", fragte Cécile.
"**Apparemment**, le dernier de ces Trakehners se trouve dans un **cirque** en France. C'est vrai, la troupe de François n'est pas un cirque, mais les gens du **forum** sur internet ne savent pas tout. **Bref**, le Duc est peut-être ce dernier Trakehner."
Cécile wurde aufmerksam: "Et pourquoi le voler?"
"Il y a un **cheik arabe** qui s'appelle al-Oud", erklärte Jonas, "et qui est très, très riche. Il a entendu parler, **paraît-il**, de ce Trakehner. Le cheik veut acheter le Duc pour son **élevage de Trakehners**."
Cécile schaute ihn beeindruckt an und fasste zusammen: "**Cela signifie** qu'on a volé le Duc pour le

---

il existe es gibt
ancêtre Vorfahre
qu'est-ce que cela a à voir (avec) was hat das zu tun (mit)
apparemment anscheinend
cirque Zirkus
forum Forum
bref kurzum
cheik arabe arabischer Scheich
paraît-il so scheint es
élevage de Trakehners Trakehnerzucht
cela signifie das bedeutet

vendre à ce fameux cheik ou bien que le voleur travaille **directement** avec lui?”
Jonas sonnte sich in seinem Erfolg. Tja, das hätte die Pferdetussi nicht gedacht, dass er sich auf einmal so mit Trakehnern auskannte! Na ja, wenn man mit dem Internet umgehen konnte, war das alles kein Problem. Cécile suchte noch auf französischen Seiten herum und fand ebenfalls Foren, auf denen das Thema diskutiert wurde. Jetzt mussten sie nur noch auf Céciles Vater warten, damit er den verdächtigen Mann suchen und verhaften konnte, doch Céciles Mutter schickte die Kinder ins Bett.
“Il est déjà onze heures et demie et demain, une longue journée au marché nous attend.”
Ach je, der Mittelaltermarkt und die albernen Klamotten, als ob sie für so was jetzt noch Zeit hätten!

---

directement direkt

Unter Verdacht

"Papa, écoute, nous savons qui a volé le Duc!"
Alle saßen am Frühstückstisch und Cécile war wieder einmal nicht zu bremsen. Monsieur Duvalier, der ziemlich müde aussah, sah sie streng an: "Quel Duc? Et qui c'est 'nous'?"
"Le cheval qui a été volé hier s'apelle Duc d'Anjou. Et nous, c'est Jonas et moi, nous savons qui l'a volé et pourquoi."
Und dann erzählte sie ihrem Vater von dem verdächtigen Mann, der sich mit François gestritten hatte, von der Internetrecherche, von Julmond und dem Scheich. Monsieur Duvalier hörte sich alles an, während er seinen Kaffee trank und ein Croissant aß.
Jonas wollte auch etwas beitragen und schlug vor: "Nous pouvons aller avec vous et vous aider à retrouver ce monsieur. Nous l'avons vu."
Doch da war er an den Falschen geraten: "Écoutez les enfants, vous ne voulez **quand même** pas **jouer à la chasse à l'homme**! Votre petite histoire est **assez**

---

quand même doch
jouer à la chasse à l'homme Verbrecherjagd spielen
assez ziemlich

intéressante, mais aussi assez **fantastique**. Et maintenant, **allez plutôt** au marché médiéval!"

Das war's dann wohl. Nie wurde man für voll genommen. "Les enfants"!
Cécile sah ziemlich enttäuscht aus, und zum ersten Mal konnte Jonas sie gut verstehen. Monsieur Duvalier war eben altmodisch und streng. Da konnte François lange warten, bis er seinen Hengst wieder hatte!

Und jetzt mussten sie sich beeilen, Madame Duvalier und die Zwillinge waren schon in ihren Mittelaltergewändern, nur Cécile und er hatten in Erwartung detektivischer Aufgaben Jeans und T-Shirt angezogen.
Madame Duvalier mahnte zur Eile: "Cécile, dépêche-toi, je dois encore te **coiffer**!"
Ach ja, sie musste ja noch ihre Hochsteckfrisur kriegen. Jonas lief schnell in sein Zimmer und zog sich Hose und Hemd an, ohne Filzkappe. Und wo zum Kuckuck packte man im Mittelalter sein Handy hin? Hosentaschen hatte das Gewand nicht. Doch zum Glück gab es diesen Gürtel, naja, eher ein Strick. Daran ließ sich die braune lederne Handytasche gut be-

---

fantastique fantastisch
allez plutôt geht ihr mal lieber
coiffer frisieren

festigen. Er hatte diese Tasche, ein Geschenk seines Patenonkels, ja eher uncool gefunden, aber zu diesem Kostüm passte sie gut. Dann steckte er sich auch noch die Anstecknadel an. Vielleicht konnte er ja nochmal zur Festung hinauf gehen und beim Katapultschießen zuschauen oder so.

Schließlich saß die ganze mittelalterlich kostümierte Familie im Auto und fuhr nach Les Baux – natürlich ohne Monsieur Duvalier, der inzwischen zur Polizeiwache von Saint-Rémy gegangen war.
Diesmal hatte Jonas keinen Blick für die Landschaft. Er starrte finster vor sich hin und spielte mit seinem Handy. Interessiert sah Cécile zu.
"Pourquoi as-tu **allumé** ton portable?", fragte sie. "Tu attends des **nouvelles** de ta **petite amie**?"
Was sollte das denn jetzt schon wieder? Gestern Abend waren sie doch gut miteinander ausgekommen. Ließ sie ihren Ärger über ihren Vater jetzt an ihm aus? Vincent und Maurice hatten die Frage natürlich mitbekommen.
"Elle est belle, ta copine?", frotzelte Vincent.

---

allumé eingeschaltet
nouvelles Neuigkeiten
petite amie Freundin (in einer Beziehung)

Und Maurice rief: "Jonas est **amoureux**, mais ce n'est pas Cécile, qu'il aime!"
"Tais-toi, imbécile! **Ça va barder!**" Cécile brüllte ihren Bruder richtig an.
Geschieht ihr recht, dachte Jonas wütend, schließlich hat sie ja mit dem Quatsch angefangen.
"Cela suffit! Je **ne** veux plus entendre **personne**! **Pas un seul mot jusqu'au parking**! M'avez vous compris?" Das war Madame Duvalier.

Die Duvaliers waren aber auch streng! Andererseits war Jonas froh, dass jetzt erst mal Ruhe war. Er steckte sein eingeschaltetes Handy in die Ledertasche. Vielleicht schickte sein Kumpel Lorenz ihm ja eine SMS. Aber eigentlich wollte er gar nicht so genau wissen, wie es in Spanien am Strand war. Lorenz musste jedenfalls nicht in albernen Klamotten rumlaufen, sich von strengen Gasteltern ermahnen lassen und dabei auch noch dauernd Französisch sprechen.

Die Kirchengemeinde hatte einen Stand an der Rue du Château, die zur Festung hoch führte. Unter der Leitung von Madame Duvalier und einer älteren

---

amoureux verliebt
Ça va barder! Ich knall' dir gleich eine!
ne … personne keinen
Pas un seul mot jusqu'au parking! Kein Wort mehr bis zum Parkplatz!

Dame, die von allen nur **Mamie** gerufen wurde, verkauften sie Honig, Olivenöl, Säckchen mit Lavendel oder provenzalischer Kräutermischung und vor allem den mittelalterlichen Imbiss: flache Teigfladen mit Ziegenkäse oder Hartwurst und Apfelwein oder Apfelsaft. So kurz nach dem Frühstück liefen die Geschäfte eher schleppend und Jonas und Cécile langweilten sich. Doch da fiel Jonas etwas auf und er stieß Cécile in die Rippen.

"Cécile, regarde, à gauche!" Jonas zeigte auf eine Gruppe Leute, die aus der Richtung der Burganlage kamen. "C'est lui, le monsieur que nous cherchons!" Und dann sah Cécile ihn auch. Die verschwitzte Halbglatze war nicht zu verkennen. Der dickliche Mann, der sich gestern lautstark mit François gestritten hatte, schien direkt auf sie zuzukommen. Jonas und Cécile verständigten sich mit Blicken und sahen sich um. Madame Duvalier und Mamie unterhielten sich angeregt und Vincent und Maurice spielten mit dem Gameboy. Kaum war der verdächtige Mann an ihrem Marktstand vorbeigegangen, nahmen die beiden die Verfolgung auf.

Der Mann schien besser gelaunt zu sein als am Tag zuvor, er schlenderte gemächlich die Straße hinunter

---

mamie Omi

und pfiff vor sich hin. Immer wieder blieb er an einem Stand stehen, schaute sich handgemachten Schmuck oder wallende Gewänder an. Klar, dachte Jonas, wenn ich das Geschäft meines Lebens gemacht hätte, wäre ich auch gut drauf.
Dann reihte der Mann sich in die Schlange vor den Toiletten ein, und als er herauskam, lächelte er Jonas an: "**Allez-y**, jeune homme!"
Jonas blieb nichts anderes übrig, als auch auf die Toilette zu gehen. Hoffentlich bleibt Cécile dran, dachte er, und war zum ersten Mal froh, dass sie ein Mädchen war. Jonas beeilte sich und fand Cécile und den

---

Allez-y hier: Bitte schön

Mann gerade noch rechtzeitig, bevor dieser nach links in eine kleine Gasse abbog. Der Mann schritt jetzt schnell aus, so dass Jonas und Cécile Mühe bekamen, ihm auf den Fersen zu bleiben. Vor einem schönen Haus mit hellblau gestrichenen Fensterläden blieb er abrupt stehen. "B&B Le Prince Noir" stand auf einem handgemalten Schild. Die Kinder hatten sich gerade noch rechtzeitig in den Schatten der Toreinfahrt des Nachbarhauses verdrücken können.
Was wollte der Mann in der Pension? Ob seine Komplizen da wohnten? Jonas wurde ganz kribbelig bei dem Gedanken, dass die Lösung des Falles unmittelbar bevorstand. Doch dann stieß Cécile ihn an. Der Mann ging weiter. Er bog rechts in die Rue des Fours ein und dann wieder links in die Rue du Château, wo er hergekommen war. Was sollte das bloß?

Vor dem Marktstand der Kirchengemeinde blieb der Mann unvermittelt stehen und wandte sich an Céciles Mutter: "Madame, vos enfants **se comportent très mal**."
Es stellte sich heraus, dass er die beiden gleich zu Beginn der Verfolgung bemerkt und gehörig an der Nase herum geführt hatte. Das gab ein Donnerwetter von Madame Duvalier, die zunächst ihre Tochter beschuldigte.

---

se comportent très mal benehmen sich sehr schlecht

"Pardon, c'est moi qui ai dit à Cécile de **suivre** ce monsieur", sagte Jonas, als seine Gastmutter einmal Luft holte.
"**Au moins**, c'est un gentleman", brummte der Mann.
Jetzt war Jonas doch neugierig.
"Monsieur, pourquoi avez-vous gueulé après François?"
"François? **Qui est-ce?**" wollte der Mann erstaunt wissen.
"C'est le **chef** de la troupe des Chevaliers des Alpilles", kam ihm Cécile zur Hilfe.
"Ah, lui! Bon, même s'il est chevalier, il doit **respecter les règles**!"
"Quelles règles?", fragte Jonas.
"Alors", fing der Mann an, "je travaille pour la **municipalité** et je suis **responsable** de la **propreté** du château. Tout le monde doit ramasser les **crottins**

suivre nachzugehen
au moins zumindest
Qui est-ce? Wer ist das?
chef Leiter
respecter les règles die Regeln beachten
municipalité Gemeinde
responsable (de) verantwortlich (für)
propreté Sauberkeit
crottins Pferdeäpfel

de ses chevaux. Mais monsieur le chevalier **continue à les laisser traîner** partout."
"Au Moyen Âge, il n'y avait peut-être pas cette règle et **comme** il n'aime pas la vie moderne …", meinte Jonas.
"Au Moyen Âge, on l'aurait **attaché au carcan**", meinte Mamie, "ce jeune homme **ne se rend pas compte comment c'est agréable de vivre à notre époque**."
Jonas schaute irritiert. "C'est quoi un carcan?", fragte er die alte Dame.
"Le carcan est un **pilori** pour les **criminels**", erklärte sie.

Die Zwillinge grinsten schon wieder und auch Céciles Mutter schmunzelte über die missglückte Verfolgungsjagd. Der Dicke hatte den Duc jedenfalls nicht gestohlen. Mann war das alles peinlich!

Madame Duvalier achtete nun streng darauf, dass Jonas und Cécile beschäftigt waren und nicht ver-

---

continue à les laisser traîner lässt sie weiterhin … herumliegen
comme da
attaché au carcan an den Pranger gestellt
ne se rend pas compte ist nicht bewusst
comment c'est agréable de vivre à notre époque wie angenehm es ist, in unserem Zeitalter zu leben
pilori Schandpfahl
criminels Verbrecher

schwinden konnten. Gläser mussten gespült, Fladenbrote mit Käse oder Wurst belegt werden, und Cécile durfte auch kassieren. Jonas war enttäuscht und genervt. Das Mittelaltergewand kratzte und er wollte sich lieber nicht vorstellen, wie er aussah. Mamie nannte ihn dauernd "notre petit Allemand" und wollte lauter uninteressante Sachen von ihm wissen.
"Dis-moi, Jonas, quel est le nom de ta ville en Allemagne?"
"J'habite à Stuttgart, **au Bade-Wurtemberg**", antwortete er höflich und dachte, dass ihn die Frage irgendwie an seine ersten Französischstunden erinnerte.
"Qui a fondé cette ville et quand?"
Auch das noch, Mamie interessierte sich nicht nur für mittelalterliche Pranger, sondern überhaupt für Geschichte. Das hatte er alles irgendwann mal im Heimatkundeunterricht in der Grundschule gehabt. Aber wie war das noch? Ach ja, da ging es doch – ausgerechnet – um Pferde.
Jonas holte tief Luft und erzählte: "Avant l'an 1000, il y avait un duc qui avait fondé un haras là où se trouve la ville de Stuttgart aujourd'hui. Ce haras était 'le jardin pour les juments' – Stutengarten **en allemand** –

---

au Bade-Wurtemberg in Baden-Württemberg
en allemand auf Deutsch

et ce vieux nom a ensuite été **transformé** en Stuttgart."
"C'est drôle", hörte er Cécile sagen, "tu n'aimes pas les chevaux, mais tu habites **un endroit** où il y avait un haras avant."
"Ce n'est pas vrai que je n'aime pas les chevaux", wehrte sich Jonas.
Mamie schien nicht ganz mit seiner Antwort zufrieden zu sein, so wie sie ihn ansah. Die Frau war bestimmt eine pensionierte Lehrerin. Und in der Tat, es ging so weiter.
"Maintenant, Jonas, que tu es en Provence, tu devrais lire les ***Lettres de mon moulin*** d'**Alphonse Daudet**."
"Mais non, Mamie", mischte sich Madame Duvalier ein. "Ce n'est pas la **littérature** que lisent les jeunes d'aujourd'hui. Il y a **vraiment** des livres plus intéressants."

---

transformé (en) umgeändert (in)
un endroit an einem Ort
Lettres de mon moulin Briefe aus meiner Mühle
Alphonse Daudet (französischer Schriftsteller, 1840–1897)
littérature Literatur
vraiment wirklich

Mamie schüttelte den Kopf: “**C’est dommage** que la **jeunesse d’aujourd’hui néglige** notre **patrimoine littéraire**.”
“Mais on pourrait **visiter** le moulin pendant ton **séjour**”, schlug Madame Duvalier vor. “Il ne se trouve pas loin d’ici et il est très beau.”
“Très beau peut-être, mais les jeunes doivent lire le livre”, sagte Mamie bekümmert.

Sind die hier alle so, wunderte sich Jonas. Erst dieser Mittelalter-François, der so weltfremd ist, dass man ihm seinen teuren Hengst unter der Nase wegschnappt, und dann diese alte Tante, die das Heil der Jugend in langweiligen Büchern über Mühlen sieht? Am schlimmsten aber waren die Zwillinge. Dauernd flüsterten sie “**Sherlock Holmes**” oder “grand **détective**” und kicherten. Oder sie spielten Verfolgungsjagd hinter dem Marktstand und einer der beiden sagte dann, mit tiefer Stimme: “Madame, vos enfants se comportent très mal!”

---

c’est dommage es ist schade
jeunesse d’aujourd’hui Jugend von heute
néglige vernachlässigt
patrimoine littéraire literarisches Erbe
visiter besichtigen
séjour Aufenthalt
Sherlock Holmes (Detektivfigur in den Kriminalromanen des britischen Autors Sir Arthur Conan Doyle)
détective Detektiv

Nachforschungen

Jonas hatte die Nase voll. Wenn er wenigstens noch einmal auf die Burg könnte! Das Katapultschießen würde wohl erst später beginnen, aber hier hielt er es wirklich nicht mehr aus! Er könnte natürlich auch versuchen, etwas herauszubekommen. Wie er da auf der Burg herumschnüffeln wollte, wusste er zwar noch nicht, aber er wollte weg. Am liebsten hätte er sich einfach dünne gemacht. Aber das würde kaum ein zweites Mal gelingen, er musste also den offiziellen Weg gehen. Er beschloss, seine Gastmutter zu fragen, und hoffte insgeheim, dass Cécile nicht mitkommen durfte.

"Pardon", sagte er höflich an Madame Duvalier gewandt, "**j'aimerais bien me promener un peu**."
"Moi aussi", rief Cécile sofort und ihre Mutter antwortete: "Toi, tu restes ici! Je ne suis pas encore **convaincue** que c'est Jonas qui a eu l'idée de suivre ce pauvre **employé municipal**."

---

j'aimerais bien me promener un peu ich würde gerne ein bisschen spazieren gehen
convaincue überzeugt
employé municipal städtischen Angestellten

Madame Duvalier wandte sich an Mamie: "Mais si toi tu veux montrer le village à notre **invité**, pourquoi pas?"
Wie? Eine historische Stadtführung unter der Fuchtel der alten Lehrerin statt geheimer Nachforschungen auf der Festung?
"**Volontiers**, Marianne", sage Mamie und zu Jonas: "Vraiment, l'église Saint-Vincent **vaut le coup d'œil**."
Das sehe ich aber anders, dachte dieser, aber was blieb ihm anderes übrig? Mamie winkte ihn heran und sie gingen die Straße bergauf.
Als sie sich ein Stück vom Marktstand entfernt hatten, wandte sich die alte Dame an Jonas: "Tu **n'as pas envie** de visiter l'église, n'est-ce pas?"
Dabei schaute sie ihn verschwörerisch an. Jonas war überrascht. Vielleicht war die alte Dame ja gar nicht so ein Drachen, wie er nach ihrer Tirade über die Jugend von heute gedacht hatte.
"L'église Saint-Vincent est très intéressante. Mais tu es trop jeune pour l'apprécier vraiment. **Ne perdons pas notre temps.** Allons au château!"

---

invité Gast
volontiers gern
vaut le coup d'œil ist einen Blick wert
n'as pas envie (de) hast keine Lust … (zu)
Ne perdons pas notre temps. Vergeuden wir nicht unsere Zeit.

Und sie marschierte los, so schnell, dass Jonas zunächst Mühe hatte, Schritt mit ihr zu halten.

In kurzer Zeit waren sie am Eingang zur Festung. Auch Mamie trug eine Anstecknadel an ihrem blauen Kleid, und so wurden sie gleich durchgewinkt.
Die alte Dame wandte sich an Jonas: "**Que voudrais-tu faire** ici, au château?"
Was sollte er jetzt sagen? "Des **recherches** pour trouver le voleur du Duc d'Anjou", das ging ja wohl nicht.
"Je m'intéresse aux catapultes", sagte er stattdessen und das war ja nicht einmal gelogen.
"Oui, les catapultes", Mamie schien etwas enttäuscht. "Le **spectacle** n'**aura lieu** que dans deux heures et nous ne pourrons pas rester trop **longtemps**. Je pensais que tu voulais surtout savoir où est le cheval, comment s'appelle-t-il déjà?"
"Le Duc d'Anjou", sagte Jonas automatisch und sah die alte Dame verwirrt an. Damit hatte er nicht gerechnet.

Que voudrais-tu faire Was möchtest du machen
recherches Nachforschungen
spectacle Spektakel
aura lieu findet … statt
longtemps lange

Mamie lächelte über ihr ganzes runzliges Gesicht. "Tu pensais que j'étais une vielle **enquiquineuse**, et tu as peut-être raison. J'aime beaucoup l'histoire et la littérature française et je **regrette** que les jeunes comme Cécile et toi préfèrent les ordinateurs. Mais j'aime beaucoup les **romans** d'**Agatha Christie**, et surtout **Miss Marple**."
Miss Marple? Jonas hatte noch nie einen Roman von Agatha Christie gelesen, aber er hatte mal einen dieser alten Schwarzweißfilme im Fernsehen gesehen. Miss Marple war die alte Dame, die in einem kleinen englischen Dorf wohnte und Kriminalfälle löste, indem sie einfach scharf nachdachte. Mamie als Miss Marple? Na gut, warum nicht.

Sie gingen zunächst in Richtung Turnierplatz, aber die Showtruppe war mit den Vorbereitungen zur heutigen Turniervorführung beschäftigt und hatte jetzt keine Zeit.

---

enquiquineuse Nervensäge
regrette bedaure
romans Romane
Agatha Christie (britische Krimischriftstellerin, 1890–1976)
Miss Marple (Romanfigur in mehreren Kriminalromanen von Agatha Christie)

"**Là-bas**, au **moulin à vent**, il y a les **bateleurs**, ils savent peut-être quelque chose. Au Moyen Âge, les bateleurs **servaient souvent d'espions**."
Die Frau wusste ja wirklich eine Menge über das Mittelalter, stellte Jonas fest, er hatte sie nur nicht richtig verstanden.
"Qu'est-ce qu'un bateleur?", fragte er.
Und Mamie begann mit der Erklärung: "Les bateleurs **divertissaient** par leurs **bouffonneries**. Ils **dressaient** des animaux, étaient des **acrobates** .... Et comme ils étaient toujours **en route**, il leur était facile de **diffuser** des nouvelles ou de servir d'espions."

Sie waren inzwischen bei der Windmühle angekommen. Ein bunt gekleideter Mann, der Jonas ein wenig an die Faschingsnarren in Süddeutschland erinnerte, jonglierte mit Bällen. Er war umringt von Zuschauern, die manchmal lachten. Der Mann schien zwischendurch auch gute Witze zu machen. Etwas abseits

---

là-bas dahinten
moulin à vent Windmühle
bateleurs Gaukler
servaient souvent d'espions dienten oft als Spione
divertissaient unterhielten
bouffonneries Späße
dressaient dressierten
acrobates Akrobaten
en route unterwegs
diffuser verbreiten

saß eine junge Frau auf einem Holzstuhl, die ein Kleid trug, das in seiner Flickenpracht gut zum Jongleur passte. Sie hatte zwei Hunde unbestimmter Rasse an der Leine. Möglicherweise sind die dressiert und sie führt das gleich vor, überlegte Jonas. Mamie ging auf die Frau zu, beugte sich hinunter und sah die Hunde verzückt an.

"Comme ils sont mignons!", rief sie und hörte sich an, als wolle sie die Hunde gleich abküssen. "Ils **ont l'air** d'être très intélligents. Sont-ils dressés?"

"Oui, je les ai dressés **moi-même**", erwiderte die junge Frau stolz. "Ils savent faire beaucoup de choses."

"Est-ce que vous travaillez toujours aux fêtes médiévales?" wollte Mamie wissen.

"Oui, toujours. Le Moyen Âge est notre **spécialité** à mon mari et moi."

"Vous connaissez certainement tout le monde ici?"

"Bien sûr, nous sommes une grande famille", bestätigte die junge Frau.

"Vous avez des animaux très précieux, **j'imagine**", fuhr Mamie fort, "n'avez-vous pas **peur** de les perdre?"

---

ont l'air scheinen
moi-même selbst
spécialité Fachgebiet
j'imagine kann ich mir denken
peur Angst

"Non. Vous savez, les chiens ne sont pas très grands et nous les avons toujours près de nous. Mais, **en fait**", sagte sie merklich leiser und beugte sich dabei etwas vor, "hier, un cheval de François **a disparu**. On dit qu'il est très précieux. Il y a des gens ici qui pensent que c'était lui-même qui l'a volé."
"Mais pourquoi?", fragte Mamie erstaunt.
"Pourquoi? Pour **encaisser** l'argent de l'**assurance**", raunte die Frau, "les gens disent qu'il est **endetté**."
"Qu'est-ce que tu racontes encore, dépêche-toi, **c'est ton tour**!", rief der Jongleur und sah seine Frau ärgerlich an. "Et vous, Madame, **je vous prie de vous en aller**. **Seuls les acteurs sont tolérés ici.**"
"Oh, pardon, je ne savais pas", sagte Mamie und raffte ihre Röcke zusammen und sah wirklich aus wie eine zersteute alte Dame. "J'étais tellement **attirée** par vos chiens. Ils sont **adorables**, vraiment!"

---

en fait tatsächlich
a disparu ist verschwunden
encaisser kassieren
assurance Versicherung
endetté verschuldet
c'est ton tour du bist dran
je vous prie de vous en aller bitte ich zu gehen
Seuls les acteurs sont tolérés ici. Nur die Schausteller sind hier erlaubt.
attirée angezogen
adorables reizend

Sie ging davon, ohne sich um Jonas zu kümmern, der sich die ganze Zeit im Hintergrund gehalten hatte und von den beiden Gauklern auch nicht bemerkt worden war.

Jonas schlich hinter ihr her und hatte sie bald eingeholt.

"Vous êtes une vraie Miss Marple", sagte er anerkennend. "**Heureusement,** vous aimez les chiens!"

"Je les déteste", sagte die Mamie grimmig. "Je préfère les chats. Mais il faut **faire des sacrifices** pour **lutter contre le crime**. Et toi, que penses-tu de cette histoire de l'assurance?"

"Je ne sais pas", antwortete Jonas, "je pense que François est trop **naïf** pour la vie moderne. Il n'a peut-être **même pas** une assurance."

"Mais pourquoi François serait-il naïf?"

"Parce qu'il parle toujours du **bon vieux temps** des chevaliers et que les gens d'aujourd'hui ne pensent qu'à l'argent."

Mamie gab zu bedenken: "Il est possible qu'il joue au naïf, mais peut-être, il est le **coupable**. Qui sait."

---

heureusement zum Glück
faire des sacrifices Opfer bringen
lutter contre le crime das Verbrechen zu bekämpfen
naïf weltfremd
même pas noch nicht einmal
bon vieux temps der guten alten Zeit
coupable Täter

Ja, vielleicht hatte sie recht. Jonas hatte bis jetzt zwar geglaubt, dass François wirklich lieber im Mittelaler gelebt hätte, aber wer weiß?
Plötzlich hörte er die ersten Takte der **Marseillaise**. Was war das denn? Mamie langte in ihre Rocktasche und holte ein Handy heraus.
"Âllo, Marianne? Beaucoup de monde? D'accord, nous ne sommes pas loin. **À tout à l'heure!**" Sie steckte das Handy wieder in die Tasche und sagte: "Nous devons nous dépêcher. Il y a beaucoup de **travail** au marché. Et Marianne pense que nous sommes à l'église."

Sie drehte sich um und stürmte in Richtung Ausgang, Jonas immer hinter ihr her.
"Tu ne pensais pas que j'avais un portable, n'est-ce pas?", fragte Mamie im Gehen. "Les ordinateurs, je les trouve trop **compliqués**, mais un portable, c'est bien **pratique** pour une vieille dame **faible** comme moi, qui habite toute seule."
So schwach wie die Frau möchte ich auch noch sein, wenn ich mal alt bin, dachte Joans bewundernd.

Marseillaise französische Nationalhymne
À tout à l'heure! Bis gleich!
travail Arbeit
compliqués kompliziert
pratique praktisch
faible schwach

"Ne parlons pas de notre petite **aventure**", sagte Mamie, "Marianne ne veut pas que tu joues au détective. Je vais essayer de **joindre** Robert par téléphone et lui raconter ce que nous **avons appris**."

Atemlos gelangten sie beim Marktstand an. Eine Menge Leute drängte sich davor, sie wurden wirklich gebraucht. Mamie begann sofort damit, neue Fladenbrote zu belegen und scheuchte die Zwillinge herum, die sich eher durch Blödsinn als durch Arbeit hervortaten.

"Vincent, apporte-moi encore du fromage, s'il te plaît, mais fais vite, les gens **ont faim**. Et toi, Maurice, **essuie** les verres. Au Moyen Âge, les enfants de sept ans **gagnaient déjà leur pain**!"

Cécile verdrehte die Augen, aber Jonas sah Mamie jetzt mit anderen Augen. Ihr Auftritt auf der Burg bei den Gauklern war wirklich gut gewesen! François gab ihm Rätsel auf. War er nun der naive Rittersmann, der nicht einmal wusste, dass sein Pferd wertvoll war, oder war er der gewiefte Versicherungsbetrüger, der den einfachen Ritter nur nach außen

---

aventure Abenteuer
joindre erreichen
avons appris erfahren haben
ont faim haben Hunger
essuie trockne … ab
gagnaient déjà leur pain verdienten bereits ihr Brot

spielte? Jonas überlegte hin und her, aber er kam zu keinem endgültigen Schluss. Beides war möglich: ein Versicherungsbetrug oder ein Diebstahl durch jemanden, der für den Scheich arbeitete. Dann wäre es nur ein Gerücht, dass François verschuldet war und alles tun würde, um an Geld zu kommen. Was hatte die Frau noch gesagt, "une grande famille"? Aber gab es nicht gerade in Familien immer wieder Gerüchte und Bösartigkeiten? Er würde diese Fragen gern mit Mamie und Cécile erörtern, doch im Moment war einfach zu viel los.

Zwischendurch wurde es kurz brenzlig.

"C'était intéressant à l'église?", fragte Madame Duvalier. Als Jonas noch überlegte, was er sagen könnte, damit sie nicht merkte, dass er auf der Festung gewesen war, mischte sich glücklicherweise Mamie ein.

"**Honnêtement**, Jonas avait l'air de **s'ennuyer**, erklärte sie. "Nous nous sommes promenés un peu partout."

Dabei zwinkerte sie Jonas verschwörerisch zu.

"Tu as bien fait, Mamie, j'ai pensé tout de suite que ce n'était pas une bonne idée de faire visiter l'église à un garçon de douze ans. **À cet âge là**, ils s'intéressent plus aux catapultes et à l'assaut du château."

---

honnêtement um ehrlich zu sein
s'ennuyer zu langweilen
à cet âge là in dem Alter

“La **guerre**, toujours la guerre”, schüttelte Mamie missbilligend den Kopf.
Meinte sie das nun ernst oder nicht? Bei ihr war sich Jonas nicht mehr ganz so sicher, genauso wenig wie bei François.

Da kam ein rothaariger Mann auf den Stand zu. War das nicht ...
Cécile hatte ihn auch erkannt: “Bonjour, Monsieur Lavalois”, rief sie aufgeregt. “Vous avez déjà entendu? Le Duc, vous savez, le beau cheval de François, a disparu! Qui a bien pu faire cela? À mon avis, c’est parce que ...”

“Donne-moi un verre de **cidre**, s’il te plaît”, unterbrach Arnaud Lavalois ihren Redefluss.
Jonas war wütend über Cécile. “À mon avis …” war ja wohl ziemlich unverschämt. Cécile schenkte ihrem Pferdefreund ein und hörte dabei nicht auf zu reden.
“Vous savez, Monsieur, le Duc d’Anjou est un cheval entier. Peut-être, il a été volé pour la **reproduction**.”
“Mais Cécile”, sagte Monsieur Lavalois etwas gönnerhaft und nahm einen kräftigen Schluck aus dem Glas, “tu es une **connaisseuse en chevaux**, n’est ce

---

guerre Krieg
cidre Apfelwein
reproduction Fortpflanzung
connaisseuse en chevaux Pferdekennerin

pas? Tu sais bien qu'il ne faut pas voler un cheval pour la reproduction. **On se met d'accord** avec le propriétaire, **voilà tout**."

"Mais si la personne habite loin?" Cécile ließ nicht locker. "En **Arabie**, **par exemple**?"

"En Arabie, il y a de si beaux chevaux, tu le sais bien. Un **Arabe** n'a pas besoin de voler un cheval en France. **Ça ne rime à rien.**"

"C'est bien, Monsieur, **de raisonner un peu ma fille**", mischte sich Madame Duvalier ein. "Moi, elle ne m'écoute plus. Mais, dites-moi, vous vous connaissez d'où?"

"Excusez-moi, Madame, permettez-moi de me **présenter**", sagte Monsieur Lavalois mit einer angedeuteten Verbeugung zu Madame Duvalier. "Je m'appelle Arnaud Lavalois et je suis en vacances au centre équestre où, paraît-il, Cécile a son **deuxième domicile**."

---

on se met d'accord man einigt sich
voilà tout das ist alles
Arabie Arabien
par exemple zum Beispiel
Arabe Araber
Ça ne rime à rien. Das macht keinen Sinn.
de raisonner un peu ma fille meine Tochter ein bisschen zur Vernunft zu bringen
présenter vorzustellen
deuxième domicile zweiten Wohnsitz

Madame Duvalier schien ganz angetan von diesem Charmeur. Cécile dagegen sah unzufrieden aus. Klar, ihr Pferdefreund nahm sie genauso wenig ernst wie ihre Eltern.

Vielleicht hat er ja auch recht, überlegte Jonas. Warum sollte ein reicher Scheich sich ausgerechnet für ein Pferd interessieren, das mit einem roten Tuch behängt einen auf Mittelalter machte? Gab es nicht sowieso eine eigene Pferderasse da drüben, die Araber? Jetzt war er doch neugierig.

"N'est-ce pas, Monsieur, il y a une race de chevaux qui s'appelle les **chevaux arabes**?", fragte er.

"Oui, bien sûr", antwortete Monsieur Lavalois, doch da mischte sich Cécile schon wieder ein.

"C'est très compliqué, il y a le **pur-sang arabe** et le cheval arabe. La **différence** c'est ..."

"Cécile, viens m'aider, s'il te plaît", rief da von hinten Mamie, "il y a du monde maintenant!"

"**Combien je te dois?**", fragte Monsieur Lavalois noch und kramte nach seinem Portemonnaie.

"Trois euros", sagte Cécile. Der nette Mann legte die Münzen auf den Verkaufstisch, nickte allen noch freundlich zu und war in der Menge verschwunden.

---

chevaux arabes Araberpferde
pur-sang arabe Vollblutaraber
différence Unterschied
Combien je te dois? Wieviel schulde ich dir?

Jonas überlegte weiter. Ja, es sah wirklich danach aus, als habe François das Pferd selbst versteckt, um die Versicherungssumme zu kassieren. Nach einer Weile könnte er den Duc dann verkaufen und hätte doppelt kassiert. "Je ne le vendrai jamais!", so ein Quatsch! Das konnte er vielleicht Cécile erzählen.

Die nächsten beiden Stunden vergingen ziemlich schnell. Viele Leute, die auf dem Weg zur Burg waren, wollten vorher noch einen kleinen Imbiss haben. Am besten mittelalterlich. Gut, dass Mamie keine Zeit hatte, ihnen irgendein gruseliges Detail aus der mittelalterlichen Küche zu verraten. Auch Honig, Olivenöl und diese komischen Säckchen gingen gut weg. Da fiel Jonas ein, dass seine Mutter ihn gebeten hatte, ihm Lavendelsäckchen und Kräutermischung mitzubringen. Vieleicht blieb heute Abend etwas übrig, ansonsten gab es das Zeug ja an jeder Ecke.

Als Jonas gerade neue Kräutersäckchen aus einem Karton holte und auf dem Stand auslegte, beugte sich Cécile zu ihm hinüber und flüsterte ihm ins Ohr: "Je sais où est caché le Duc. Nous devons vite **aller voir** Brigitte."

Die nette Chefin des Burgmuseums! Da würde er gern noch einmal hingehen.

---

aller voir besuchen

Auf der Burg wurde es laut. Aha, die Erstürmung der Festung hatte begonnen. Das merkte man auch daran, dass es am Stand merklich ruhiger wurde. Ob sie jetzt wohl zu Brigitte gehen könnten?
"Maman, Brigitte nous a dit hier qu'elle veut montrer quelque chose à Jonas. Nous pouvons y aller?", fragte Cécile mit Unschuldsmiene.
"Allez-y, chez Brigitte vous ne faites pas de bêtises au moins."
Jonas war sich sicher, dass sie genau das tun würden, und er musste zugeben, dass Cécile ganz schön pfiffig und hartnäckig war.

Im Geheimgang

"J'espère que Brigitte est dans son **bureau**", sagte Cécile und lief den Berg hinunter.
"Mais le château ...", sagte Jonas und wies in die entgegengesetzte Richtung.
"Dans ces **ruines**, il n'y a pas de bureau!"
Klar, hätte er sich ja denken können.

"Alors, Brigitte, que peut-elle faire pour nous?", fragte Jonas neugierig.
"**Tu te souviens** que tu as demandé s'il y avait des passages secrets au château?", fragte Cécile "**Étant donné** que la police ne laisse personne quitter le village, le Duc doit encore être au château. Mais où peut-on bien cacher un cheval quand il n'y a que des ruines? Dans un passage secret, voilà!"
"Tu sais où ils se trouvent, ces passages?", wollte Jonas wissen, aber Cécile schüttelte den Kopf.
"Brigitte n'en parle jamais, comme elle a dit hier. Le château est **vaste** et ouvert, les **visiteurs** sont partout.

---

bureau Büro
ruines Ruinen
tu te souviens erinnerst du dich
étant donné da
vaste großflächig
visiteurs Besucher

S'ils avaient **accès** aux passages, ce serait vraiment dangereux."
"Mais les voleurs, comment savaient-ils?"
"**Je n'en sais rien**, c'est pourquoi nous allons voir Brigitte."

Doch Jonas blieb stehen.
"Il y a quelque chose que je dois te raconter", begann er, "j'étais au château avec Mamie."
"**Ah bon?** Je croyais qu'elle voulait te montrer le village."
"Oui, mais nous sommes allés au château, et tu sais pourquoi?"
Cécile schüttelte den Kopf.
"Parce qu'elle est **curieuse**. Elle aussi, elle veut savoir qui a volé le Duc et elle a joué à Miss Marple."
"Qui est-ce, Miss Marple?"
"Tu ne connais pas les vieux **films en noir et blanc**? Avec la vieille dame qui habite dans un village **anglais** et qui est une **excellente** détective? Elle pose beau-

---

accès Zugang
je n'en sais rien keine Ahnung
Ah bon? Ach ja?
curieuse neugierig
films en noir et blanc Schwarzweißfilme
anglais englischen
excellente ausgezeichnete

coup de questions, **réfléchit** un peu **et voilà, l'affaire est résolue**. C'est Agatha Christie qui a écrit ces **romans policiers** et Mamie les adore."
"Tu veux dire, Mamie et toi, vous vous êtes promenés au château pour **poser des questions**?"
"Mais oui!"
"**Incroyable!** Et vous avez trouvé quelque chose?"
"Oui, nous sommes allés voir les bateleurs. Mamie a parlé avec une dame qui dresse des chiens. Mamie admirait ses chiens et la dame parlait des autres acteurs et de leurs animaux."
"Mamie admirait les chiens? Mais elle les déteste, les chiens! Elle doit vraiment être **passionnée** par l'idée de faire la détective", warf Cécile ein.
"Écoute. La dame aux chiens a dit qu'il y a des gens qui pensent que c'est François lui-même qui a volé le Duc."
"Mais pourquoi? Il adore son cheval!"
"Pas pour lui **faire du mal**. Juste pour le cacher et **puis** encaisser l'argent de l'assurance."

---

réfléchit überlegt
et voilà, l'affaire est résolue und schon ist der Fall gelöst
romans policiers Kriminalromane
poser des questions Fragen zu stellen
Incroyable! Unglaublich!
passionnée begeistert
faire du mal wehzutun
puis dann

“François? Jamais! Il n’aime pas l’argent.”
“Comment peux-tu être sûre qu’il n’aime pas l’argent?”
“Il l’a dit. Tu l’as entendu, toi aussi. Il dit toujours qu’il préfère le Moyen Âge.”
“C’est ce qu’il dit, oui. Mais est-ce que tu as des preuves?”
“Tu penses qu’il **ment**?”
“Pourquoi pas? En plus, la dame aux chiens a dit que, paraît-il, François a beaucoup de **dettes**.”
Cécile überlegte eine Weile und sagte dann: “L’histoire du cheik est trés fantastique. Monsieur Lavalois, lui aussi, a dit qu’un cheik arabe n’a pas besoin d’un cheval français. Et Monsieur Lavalois en sait beaucoup sur les chevaux. Mais François le coupable? Et François doit avoir d’autres complices.”
“Les Chevaliers des Alpilles voient beaucoup de gens, pourquoi pas”, entgegenete Jonas, aber er war sich seiner Sache nicht allzu sicher. Das wurde alles immer komplizierter.
“Allons voir ce que Brigitte pense du Duc et des passages secrets. **Les voleurs étaient bien obligés de le cacher quelque part.** Si nous trouvons le Duc,

---

ment lügt
dettes Schulden
Les voleurs étaient bien obligés de le cacher quelque part. Die Diebe mussten ihn ja wohl irgendwo versteckt haben.

nous saurons aussi qui l'a volé ou **fait voler**: François ou bien le cheik."

Sie gingen weiter und vor einem Haus mit einem Messingschild "Musée du Château des Baux" blieb Cécile stehen und klingelte. Ein Summer ertönte und die beiden traten ein. Das Büro befand sich im ersten Stock und dort war die Hölle los: Brigitte Boissonnet, ihre Mitarbeiter und eine Reihe freiwilliger Helfer telefonierten, bearbeiteten Computer und redeten durcheinander.

"Salut les jeunes. **Je n'ai pas le temps.** Vous ne pouvez pas revenir la semaine prochaine après l'assaut?"

"Non Brigitte, **c'est urgent**!"

Cécile drängte sich energisch zu Madame Boissonnet durch und flüsterte ihr etwas ins Ohr. Die Direktorin des Burgmuseums sah sie ungläubig an, überlegte einen Moment und sagte dann: "D'accord, venez!"

Sie führte die Kinder in einen engen Nebenraum, der mit Kopierpapier, Broschüren und CDs vollgestopft war.

"Tu sais qu'un beau cheval, le Duc d'Anjou, a été volé", begann Cécile und Brigitte nickte. "Mon père

---

fait voler stehlen lassen
Je n'ai pas le temps. Ich habe keine Zeit.
c'est urgent es ist dringend

a fait fermer toute la ville. Donc, le cheval doit encore être là."

Brigitte nickte wieder.

"Il doit être caché dans les passages secrets du château", sagte Jonas.

"Vous avez peut-être raison", sagte Mme Boissonnet. Sie sah nachdenklich aus. "Il y a une chose qui est un peu bizarre. **Il y a trois semaines**, une jeune dame est venue me voir ici. **Soi-disant**, elle faisait des recherches sur les châteaux et les **forteresses**. Elle s'intéressait surtout aux passages secrets. Elle m'a **même** montré un **document**. Je dois **avouer** que je n'ai pas vraiment **vérifié** ce document, j'ètais très occupée avec les **préparations**."

"Et alors, qu'est-ce qu'elle a fait, la dame?", fragte Cécile aufgeregt.

"Je voulais lui montrer un des passages **que l'on atteint à partir de l'Hôpital Quiqueran**", erzählte

---

il y a trois semaines vor drei Wochen
soi-disant angeblich
forteresses Festungen
même sogar
document Dokument
avouer zugeben
vérifié überprüft
préparations Vorbereitungen
que l'on atteint à partir de l'Hôpital Quiqueran
den man vom Hôpital Quiqueran aus erreicht

Brigitte, “mais j’ai reçu un **coup de fil** important du **ministère** à Paris et **j’ai demandé à une stagiaire d’accompagner la dame**.”
“Il faut parler à cette stagière!”, warf Jonas ein.
“**Ce n’est pas possible**”, sagte Brigitte mit sichtlichem Bedauern, “la jeune fille ne travaille plus au musée.”
“Alors, il faut y aller. Et tout de suite!”, rief Cécile und Jonas nickte zustimmend.
Brigitte Boissonnet schüttelte erst den Kopf, doch dann blitzte Abenteuerlust in ihren Augen auf. “D’accord, allons-y, mais **soyons très prudents**!”
Jonas und Cécile folgten ihr ins Büro.
“Je dois vérifier quelque chose au château!”, sagte sie zu ihren Mitarbeitern und holte einen Schlüssel aus der Schreibtischschublade. Sie kramte dabei ziemlich lange in der Schublade und runzelte die Stirn. Dann machten die drei sich auf den Weg in Richtung Festung. Irgendwie cool die Frau, dachte Jonas. Erst Mamie und dann Brigitte Boissonnet, es gab hier doch noch Erwachsene, mit denen sich vernünftig reden ließ.

---

coup de fil Telefonanruf
ministère Ministerium
j’ai demandé à une stagiaire d’accompagner la dame ich habe eine Praktikantin gebeten, die Dame zu begleiten
ce n’est pas possible das ist nicht möglich

Cécile, Jonas und Brigitte Boissonnet wurden mit der Masse der Besucher regelrecht zur Burg hinauf gespült. Gleich hinter dem Eingang befand sich die Chapelle Saint Blaise und dahinter das Hôpital Quiqueran. Brigitte Boissonnet führte sie hinter die Kapelle und von dort aus in einen kleinen Nebenraum der Ruine des Hospitals. Trotz der vielen Touristen in Les Baux war hier niemand. Eine baufällige Treppe führte abwärts und dann sahen sie eine erstaunlich massive Holztür mit einem großen Messingschloss vor sich.

"La porte est neuve et **a été installée pour bloquer le passage**", erklärte Madame Boissonnet und schloss auf. "J'avais deux clés, mais **il en manque une**."

"La dame l'a prise", sagte Jonas, und dann sahen die drei einander an. Es roch eindeutig nach Pferd und man hörte ein leises Schnauben. Außerdem war ein schwacher Lichtschein zu sehen.

"**Nous refermons la porte et allons chercher la police**", flüsterte Brigitte Boissonnet und drehte sich um. Cécile folgte ihr, aber Jonas war schon ein Stück in den Gang hinein gegangen und hörte, wie der Schlüssel im Schloss gedreht wurde.

---

a été installée pour bloquer le passage ist eingebaut worden, um den Durchgang zu sperren
il en manque une es fehlt einer
Nous refermons la porte et allons chercher la police. Wir schließen die Tür wieder ab und holen die Polizei.

Zunächst bekam er einen Schreck, doch dann beruhigte er sich. Schließlich hatte er ja sein Handy dabei, da würde ihm schon nichts passieren. Auf Zehenspitzen schlich er ein paar Schritte weiter und blieb stehen, als er auf einmal Stimmen hörte.

"Quand pourrons-nous **enfin** quitter Les Baux? **J'en ai assez d'être enfermée ici!**" Das war eine weibliche Stimme.

"C'était toi qui as eu l'idée du passage secret, **ou je me trompe**?", antwortete ein Mann gereizt. Diese Stimme kam Jonas irgendwie bekannt vor, aber woher?

"J'ai **passé beaucoup de temps** avec les acteurs", fuhr der Mann fort. "J'ai même parlé avec le propriétaire du cheval."

"**Tu es fou? Et s'il t'a reconnu?**"

"Il ne peut pas me reconnaître, il ne m'avait jamais vu avant! C'était toujours toi qui **observais** les Chevaliers des Alpilles. C'est pourquoi aussi que tu ne peux pas te promener au château."

"Alors, qu'as-tu appris?

---

enfin endlich
J'en ai assez d'être enfermée ici! Ich habe es satt, hier eingesperrt zu sein!
ou je me trompe oder täusche ich mich
passé beaucoup de temps viel Zeit verbracht
Tu es fou? Bist du verrückt?
Et s'il t'a reconnu? Und wenn er dich erkannt hat?
observais beobachtete

"Il y a des gens qui **accusent** François."
"Pourquoi?"
"Ils disent qu'il est endetté."
"**Pas mal, cette fausse piste**. Mais la police, que fait-elle?"
"La police contrôle encore les camions et les chevaux. Donc, nous ne pouvons pas encore **transporter** le cheval."
"**Et combien de temps ça va durer?**"
"Je n'en sais rien, moi, je ne suis pas de la police! Mais nous avons **assez** d'eau et de **fourrage** et à manger pour nous.
"Écoute, toi**, tu t'amuses** et moi je n'ai pas quitté ce passage secret **depuis** hier soir. Je veux **prendre l'air**!" Die Frau war jetzt ziemlich energisch.
"Va alors te promener dans le village, si tu veux, et moi, je reste avec le cheval. Crois-moi, ce n'est pas

---

accusent beschuldigen
pas mal, cette fausse piste nicht schlecht, diese falsche Fährte
transporter transportieren
Et combien de temps ça va durer? Und wie lange wird das dauern?
assez genug
fourrage Futter
tu t'amuses du vergnügst dich
depuis seit
prendre l'air Luft schnappen

facile **là dehors**. Les enfants sont toujours là et ils sont très curieux!"

Moment mal, welche Kinder? Jetzt fiel Jonas wieder ein, woher er die Stimme kannte. Das war der nette Arnaud Lavalois, mit dem Cécile dauernd über den Duc gesprochen hatte. Jonas drückte sich so flach wie möglich an die Wand, damit die Frau ihn nicht bemerkte, wenn sie an ihm vorbei musste, und hoffte, dass er hinter ihr hinausschlüpfen konnte.
Er tastete nach seinem Handy, doch da musste er plötzlich wieder niesen.

Und schon hatte Monsieur Lavalois ihn am Arm gepackt. Er zerrte Jonas weiter in den Gang hinein und beim Schein einer batteriebetriebenen Baustellenlampe sah Jonas die Szenerie. Der Duc stand auf einer Strohschütte und war nicht einmal angebunden. Wieso lässt dieses große Pferd sich das einfach so gefallen, überlegte Jonas und sah das Tier etwas genauer an. Und da erkannte er: Das Pferd stand unter Drogen. Es hatte einen gläsernen Blick und schien gar nicht ganz da zu sein. Außerdem schwitzte es, obwohl es in dem Gang recht kühl war. Es schien ein völlig anderes Pferd zu sein als das, das François ihnen gestern so stolz gezeigt hatte. Die Frau war vielleicht Madame

là dehors da draußen

Lavalois, denn Cécile hatte von einem Ehepaar auf dem Reiterhof gesprochen. Sie saß auf einem Campingstuhl und starrte Jonas entsetzt an.
"Mais ... que faire de ce **gosse**?"
Monsieur Lavalois beachtete sie nicht, sondern fuhr Jonas an: "Que fais-tu ici? Comment as-tu pu **entrer** ici? Tu n'es pas venu seul?"
Jonas überlegte fieberhaft. Was sollte er jetzt bloß sagen?
"La police **ne va pas tarder**", sagte er schließlich, um die beiden einzuschüchtern.
Das war ein Fehler.
"Ah non, ils ne prendront pas le cheval **tant que** moi, j'aurai le garçon!", rief Arnaud Lavalois.
Er packte Jonas an beiden Handgelenken und hielt ihm die Hände auf dem Rücken fest. Auf einen Wink stopfte die Frau ihm ihr Halstuch in den Mund, so dass er nicht schreien konnte. Mit ein paar Stricken fesselten die beiden ihm Hände und Füße und dann warf sich Arnaud Lavalois Jonas wie einen Sack über die Schulter und ging in Richtung Ausgang. Auch er trug diese Mittelalter-Klamotten, enge Hosen, ein grünes Kapuzending und so eine Art Wams.

---

gosse Bengel
entrer hereinkommen
ne va pas tarder wird bald kommen
tant que solange

Entführt

Der kann mich so doch nicht durch die ganzen Touristenscharen schleppen, dachte Jonas, als sie ans Tageslicht kamen. Doch, Arnaud Lavalois konnte. Er machte es sich zunutze, dass auch Jonas mittelalterliche Gewänder trug. Er stieg die Treppe hoch, und beim Verlassen des Hôpital Quiqueran machte er eine richtige Shownummer.

Er schwenkte Jonas durch die Luft und rief lachend: "C'est mon petit **prisonnier** du château!"

Die umstehenden Besucher grinsten, zeigten auf Jonas und freuten sich an dem mittelalterlichen Spektakel.

Ein Junge, etwa in Jonas Alter, fragte: "Qu'a-t-il fait, votre prisonnier?"

"Il a volé mon cheval", sagte Monsieur Lavalois und Jonas kochte vor Wut.

Da konnte doch wohl nicht wahr sein! Der machte hier auf Mittelalter und nannte ihn, Jonas, einen Pferdedieb! Jonas zappelte und wand sich auf Monsieur Lavalois' Schulter. Es musste doch irgendwem hier auffallen, dass er sich nicht aus Spaß gefesselt herumtragen ließ! Aber nichts zu machen!

---

prisonnier Gefangener

Der Junge rief sogar: "**Mettez-le au cachot**, ce voleur!", und die Umstehenden applaudierten.
"Oui, et il ne mangera que du pain et ne boira que de l'eau!", rief jemand anderes.
Jonas gab auf. Von den Touristen war keine Hilfe zu erwarten, die hielten das alles für ein inszeniertes Spektakel. Das kommt eben davon, wenn man Mittelalter-Klamotten tragen muss, dachte Jonas. Wenn er Jeans und T-Shirt anhätte, wäre vielleicht irgendjemandem etwas aufgefallen.

Arnaud Lavalois spazierte seelenruhig mit Jonas auf der Schulter zum Schlosstor hinaus. Nicht einmal die Museumsmitarbeiter am Eingang schienen sich zu wundern. Das gibt's doch nicht, dachte Jonas resigniert. In Les Baux werden wohl ständig gefesselte Kinder herumgetragen. Außerdem hatte sein Entführer sein Auto, einen unauffälligen, silberfarbenen Renault, wie ihn viele besaßen, ziemlich nah am Eingang zur Festung geparkt. Er warf Jonas auf die Rückbank, legte eine Decke über ihn und fuhr den Berg hinunter. Wahscheinlich nimmt er die ruhige Nebenstraße, wo wir vorhin hinter dem dicken Mann hergeschlichen sind, überlegte Jonas. Das schien schon ewig lange her zu sein. Und außerdem hatte das Ehepaar sich wohl auch noch eine Sonderparkgenehmi-

---

mettez-le au cachot werfen Sie ihn in den Kerker

gung geklaut. Die Duvaliers jedenfalls hatten immer draußen vor dem Dorf parken müssen. Es war schon verrückt: Die Burg und der Ort waren voller Touristen und dieser Kerl hatte ihn unter den Augen all dieser Leute entführt.

Bald waren sie auf der Ebene angelangt, zumindest hatte Jonas nicht mehr den Eindruck, dass es bergab ging. Sie fuhren eine Weile, und Jonas hatte bald das Gefühl für Zeit und Raum verloren. Seine Wut auf Arnaud Lavalois und auf sich selbst, dass er so naiv in den Gang hineinspaziert war, ließ langsam nach. Jetzt bekam er Angst, richtig Angst. Würde es wirklich zu Verhandlungen um ihn und das Pferd kommen? Was würden die Lavalois mit ihm machen, wenn irgend etwas dabei schief ginge? Könnte er unter der Decke mit dem Knebel ersticken? Auf einmal blieb der Wagen stehen.

"Pas d'**essence**, ce n'est pas vrai!", schimpfte sein Entführer. "**Ne bouge pas!**", rief er noch und war verschwunden.

Jonas lauschte, wie sich seine Schritte entfernten. Der hatte vielleicht Nerven! Als ob er sich überhaupt rühren könnte, selbst wenn er wollte! Jonas versuchte, zumindest die Decke abzuschütteln. Nach vielem

---

essence Benzin
Ne bouge pas! Rühr' dich nicht vom Fleck!

Herumdrehen und Zappeln gelang es ihm, sein Gesicht frei zu bekommen. Uff, so fühlte er sich schon etwas wohler! Das geschieht dem Lavalois recht, dachte Jonas. Es gefiel ihm, dass der schlaue Dieb einen Fehler gemacht hatte. Der Typ war ja aalglatt. Er hatte sich so leicht bei allen Leuten beliebt gemacht, bei Cécile, ihrer Mutter und wahrscheinlich sogar bei François. Und das Manöver vorhin auf der Burg, wie er ihn unter den Augen aller Touristen entführt hatte, war schon eine tolle Leistung gewesen, das musste man zugeben. Aber sein Auto hatte er nicht voll getankt, der Meisterdieb!

Vielleicht kam ja jemand vorbei, schaute neugierig ins Auto und wunderte sich? Aber danach sah es nicht aus. Den Motorengeräuschen nach musste das Auto am Rand einer größeren Straße stehen, da war mit neugierigen Spaziergängern eher nicht zu rechnen. Bei seinem Manöver mit der Decke hatte er auch sein Handy in der improvisierten Gürteltasche gespürt. Wenn bloß seine Hände nicht auf dem Rücken gefesselt wären! Dann könnte er wenigstens versuchen, Hilfe zu holen. Aber so nützte ihm das Ding ja rein nichts. Ob Arnaud Lavalois richtig böse wurde, wenn er zurückkam und ihn ohne die Decke auf dem Gesicht erwischte?

Gerettet

Während Jonas überlegte, was sein Entführer wohl mit ihm vorhaben mochte und wann Cécile und Brigitte Boissonnet sein Fehlen bemerken würden, stellte er fest, dass das Motorengeräusch sich verändert hatte. Es schien direkt auf ihn zuzukommen.
"Oh nein, er hat ein neues Auto genommen!", dachte Jonas verzweifelt.
Doch halt, das waren ja mehrere. Und jetzt auch noch eine Sirene. Polizei?

Wie in einem Fernsehkrimi ohne Bild hörte Jonas, wie die Polizeiautos sich um den Renault zu gruppieren schienen.
Und dann ertönte die gebieterische Stimme von Monsieur Duvalier: "Police! **Descendez de la voiture** et **les mains en l'air**!"
Noch nie war Jonas so froh gewesen, die Stimme seines strengen Gastvaters zu hören. Nachdem die Polizisten sich davon überzeugt hatten, dass kein bewaffneter Entführer im Auto war, öffneten sie es – Polizisten schienen gute Autoknacker zu sein – und holten den gefesselten Jungen heraus. Monsieur

---

Descendez de la voiture Steigen Sie aus dem Auto aus
les mains en l'air Hände hoch

Duvalier nahm ihm den Knebel ab und löste ihm die Fesseln.

“Nous devons l’**emmener** à l’hôpital”, meinte einer der Unifomierten besorgt.

“Ce ne sera pas **nécessaire**”, meinte Monsieur Duvalier, nachdem er Jonas genau gemustert hatte. “Notre détective est **en pleine forme**. Il a besoin de quelque chose à boire, c’est tout.”

---

emmener bringen
nécessaire nötig
en pleine forme gesund und munter

Einer der Polizisten reichte Jonas eine Dose Cola, die er in einem Zug austrank. Jetzt fühlte er sich wieder besser.
"Merci beaucoup", sagte Jonas zu Monsieur Duvalier und fragte: "Comment m'avez-vous trouvé?"
Monsieur Duvalier schmunzelte und klopfte auf Jonas' Handytasche an seinem Gürtel.
"Ton portable. Cécile m'a dit que tu l'avais **emmené** et allumé et elle connaissait même ton **réseau**. Tu sais, on peut **tracer** les gens avec leur portable."
Ja, natürlich! Jonas ärgerte sich, dass er in seiner Panik vorhin nicht selbst drauf gekommen war. Seine Mutter hatte darauf bestanden, dass die Funktion, ihn mittels des Handys zu orten, aktiviert wurde, als er das Telefon zum Geburtstag bekommen hatte. Er hatte das damals übertrieben gefunden, jetzt aber war er heilfroh darüber.

Ein Abschleppwagen kam, um das Fluchtfahrzeug zur Polizei zu bringen, und Jonas durfte neben Monsieur Duvalier in einem der Polizeiwagen zum Revier nach Saint-Rémy fahren. Dort angekommen, trafen sie auf Brigitte Boissonnet und Cécile.

---

emmené mitgenommen
réseau Netz
tracer aufspüren

Brigitte war sehr erleichtert und rief: "Heureusement, il est là! Je me suis tellement **fait de reproches**!"
Monsieur Duvalier sah sie streng an: "**Sincèrement**, Brigitte! Tu ne peux pas jouer au détective avec les enfants!"
Cécile fragte neugierig: "Qu'est-ce qu'il a fait avec toi? Avait-il un **pistolet**?"
"Non, il n'avait pas de pistolet", antwortete Jonas.
"Comment a-t-il fait pour te **kidnapper** avec tous ces gens au château?", fragte Monsieur Duvalier. "C'est la première question que je me suis posée quand j'ai appris que tu avais été kidnappé."
Jonas merkte, dass sein Gastvater regelrecht in seiner Polizistenehre gekränkt war. Wie konnte man sein Gastkind quasi unter seinen Augen entführen!
"Il portait des vêtements médiévaux", erklärte er. "Il me portait sur ses épaules et **faisait croire** à un vrai spectacle. Il **criait** 'c'est mon prisonnier!' et tout le monde riait."

---

fait de reproches Vorwürfe gemacht
sincèrement ehrlich
pistolet Pistole
kidnapper entführen
faisait croire (à) täuschte vor
criait schrie

"Oh le **salaud**!", entfuhr es Monsieur Duvalier und Jonas dachte, dass der Mann wirklich sauer sein musste, dass er vor den Kindern dieses Wort verwendete.
"Et les gens, ils n'ont rien remarqué? Cela paraît incroyable!", fragte Cécile ungläubig.
"Non, et il disait même: 'Ce garçon a volé mon cheval!' et tout le monde trouvait ça **rigolo**", fuhr Jonas fort.
"C'est vrai que c'est un salaud!", rief Cécile, ohne sich darum zu kümmern, dass ihr Vater sie mit gerunzelter Stirn ansah. "Il a toujours été si gentil et là il **te traite de voleur de chevaux**."
"Il était si gentil que toi, tu lui avais tout raconté **au sujet du** Duc", sagte Jonas und Cécile wurde ein wenig rot.
"Cet homme est un criminel dangereux", bemerkte Brigitte Boissonnet, "mais je dois avouer qu'il est très **malin**."
"Si malin qu'il a oublié de **faire de l'essence**", meinte Monsieur Duvalier, der genau wie Jonas ziemlich schadenfroh war, dass Arnaud Lavalois an diesem Detail gescheitert war.

---

salaud Mistkerl
rigolo witzig
te traite de voleur de chevaux nennt er dich einen Pferdedieb
au sujet du über
malin clever
faire de l'essence tanken

"Et alors, que s'est-il passé avec le Duc", fragte Jonas und hoffte, dass er nicht umsonst im Auto gelitten hatte.

"Nous avons **arrêté** Madame Lavalois qui se trouvait dans le passage secret avec le cheval", erzählte Monsieur Duvalier. "Nous avons **rendu** le cheval à François."

"Et pourquoi ont-ils volé le Duc?", fragte Jonas, der sich immer noch nicht sicher war, ob die Geschichte mit dem Scheich stimmte. Armaud Lavalois war doch ziemlich überzeugend gewesen, als er Cécile dargelegt hatte, dass arabische Scheichs zu ihrem Glück keine französischen Trakehner-Hengste brauchten.

"C'était pour le cheik", rief Cécile. "Parce que ..."

"**Arrête!**", fuhr Monsieur Duvalier dazwischen. "**Pour l'instant**, c'est encore moi le chef de la police de Saint-Rémy."

Und an Jonas gewandt: "Madame Lavalois a tout avoué. Vos recherches sur internet étaient **justes**. Le cheik al-Oud d'**Abou Dhabi** voulait avoir le Duc. Il

arrêté verhaftet
rendu zurückgegeben
Arrête! Hör auf!
pour l'instant vorerst
justes treffend
Abou Dhabi Abu Dhabi

a donc **envoyé quelqu'un** en France pour essayer de l'acheter à François. Mais celui-ci n'a pas voulu le vendre. Et cet homme a cherché des **voleurs professionnels** – et les a trouvés: les Lavalois."

"Mais pourquoi le Duc? Il est beau oui, mais en Arabie, il y a **tant** de beaux chevaux."

"Le cheik est célèbre pour son élevage de chevaux arabes", fuhr Monsieur Duvalier fort. "Et **cette fois-ci**, il voulait **élever** les Trakehners. Il a visité beaucoup de haras **européens**, et **parmi eux**, celui de Marbach. Il était **fasciné** par l'histoire du cheval là-bas, comment s'appelle-t-il déjà?"

"Julmond", kam ihm Jonas zur Hilfe.

"Et puis, il a entendu parler des **descendants** de ce fameux Julmond, **dont** le Duc, et il le voulait **à tout prix**."

"Il ne connaissait pas François", meinte Cécile, "il ne vendrait jamais son cheval."

---

envoyé quelqu'un jemanden … geschickt
voleurs professionnels Berufsdiebe
tant so viele
cette fois-ci diesmal
élever züchten
européens europäische
parmi eux darunter
fasciné fasziniert
descendants Nachkommen
dont darunter
à tout prix um jeden Preis

Monsieur Duvalier stand auf und sagte: "Jonas, il faut encore **rédiger un procès-verbal**. **L'interprète est déjà en route**."
"Est-ce que c'est vraiment nécessaire?", erkundigte sich Brigitte Boissonnet. "Jonas parle **couramment** le français."
Jonas wurde rot. Er sprach fließend! Und dieses Lob kam ausgerechnet von Brigitte Boissonnet, seiner Lieblingsfranzösin! Wenn seine Eltern das hören würden, wären sie hoffentlich beruhigt. Ja, er musste zugeben, dass so ein Sprachaufenthalt Wunder wirken konnte.
"Oui, c'est la **loi**", beschied ihr Monsieur Duvalier. "Tout doit être très **précis**, alors il vaut mieux **faire appel à l'aide** d'un interprète."

"Qui est-ce qui veut de la pizza?" fragte Brigitte Boissonnet in die Runde.
"Moi, moi", riefen Cécile und Jonas fast im Chor.
"Et toi, Robert?", wandte sich Brigitte Boissonnet an Monsieur Duvalier.

---

rédiger un procès-verbal ein Protokoll erstellen
l'interprète est déjà en route der Dolmetscher ist bereits unterwegs
couramment fließend
loi Gesetz
précis genau
faire appel à l'aide (de) zu Hilfe holen

“Volontiers, **j’ai une faim de loup**. Depuis que ce **bourrin** a disparu, je n’ai pas eu beaucoup de temps pour manger.”
“Le Duc n’est pas un bourrin”, rief Cécile empört.
“D’accord, c’est le plus beau cheval **du monde**.” Monsieur Duvalier hatte offensichtlich keine Lust, sich mit seiner Tochter auf ein Streitgespräch über Pferde einzulassen.

Brigitte Boissonnet bestellte Pizza, und während sie noch beim Essen waren, klingelte Monsieur Duvaliers Diensthandy.
“Mamie? **Ne t’en fais pas**, Jonas est chez nous et tout va bien”, sagte er, ein Stück Pizza in der Hand, in das er gerade hatte beißen wollen. “Comment? L’assurance? Qui? François? Non, les voleurs n’ont pas travaillé pour François, la dame a déjà tout avoué. Mais pourquoi tu t’occupes de cette affaire, toi? Quoi? Qui? Miss Marple? Mamie! Je dois te laisser maintenant. Merci, **à plus tard**.”
Monsieur Duvalier biss ein großes Stück Pizza ab und kaute schweigend.

---

j’ai une faim de loup ich habe einen Bärenhunger
bourrin Gaul
du monde auf der Welt
ne t’en fais pas keine Sorge
à plus tard bis später

Dann sagte er: “Je pense que je vais **quitter mon poste**. Il y a trop de détectives aux Baux.” Er zählte an den Fingern auf: “Ma fille Cécile, Jonas, Brigitte Boissonnet qui n’a pas assez de travail au musée et maintenant Mamie, **institutrice retraitée** qui aime les chats et la **culture**.” Er schüttelte den Kopf.

“Mais nous **avons besoin de toi**, Papa”, rief Cécile, “tu as **sauvé** Jonas!”

Monsieur Duvalier wollte gerade weiteressen, da klingelte das Telefon auf seinem Schreibtisch. Resigniert legte er die Pizza in den Karton zurück und hob ab.

“Vous l’avez arrêté? Très bien! Une autre voiture? Est-ce qu’il était **armé**? Non? Heureusement pour lui. Bravo, bon travail!”, sagte Monsieur Duvalier sichtlich befriedigt.

Er legte auf und wandte sich an die Anwesenden: “Monsieur Lavalois avait volé une autre voiture. Mais les collègues d’**Avignon l’ont attrapé**. L’affaire est résolue!”

---

quitter mon poste mein Amt aufgeben
institutrice retraitée Lehrerin in Rente
culture Kultur
avons besoin de toi brauchen dich
sauvé gerettet
armé bewaffnet
Avignon (Stadt in der Provence in Südfrankreich)
l’ont attrapé haben ihn geschnappt

Pläne

Am nächsten Morgen fuhr Monsieur Duvalier noch einmal mit den Kindern nach Les Baux. Cécile wollte unbedingt sehen, ob der Hengst sich von den Beruhigungsmitteln erholt hatte.
“**Ne te fais pas de soucis**”, meinte ihr Vater. “Les Lavalois ont voulu **gagner** de l'argent avec le Duc. **Ils ne lui ont pas fait de mal.**”
Außerdem wollte Monsieur Duvalier sich noch einmal genau auf dem Schlossgelände umsehen und François zu einer Befragung mit aufs Revier nehmen. Er parkte seinen Wagen auf dem Parkplatz vor dem Eingang zum alten Dorf, und die drei stiegen die engen Gassen zur Festung hinauf.

Das große Spektakel “L'Assaut du Château” war nun vorbei. Es gab zwar immer noch eine Menge Touristen, aber nicht mehr die Menschenmassen wie am Wochenende. Arbeiter bauten die Marktstände ab und auch oben auf der Festung wurde aufgeräumt. Alle trugen wieder moderne Kleidung, niemand lief in langen Kleidern oder Rüstungen herum. François

---

ne te fais pas de soucis mach dir keine Sorgen
gagner verdienen
Ils ne lui ont pas fait de mal. Sie haben ihm nicht weh getan.

Marmorat und die anderen Mitglieder der Showtruppe waren die einzigen, die ihren Platz noch nicht geräumt hatten.
Sie sahen etwas gelangweilt aus inmitten der ganzen Geschäftigkeit. Die Pferde standen in der improvisierten Koppel und wirkten unruhig.
"François, les chevaux **ont besoin de bouger**", meinte ein blonder junger Mann besorgt.
"Voilà l'**agent de police**", antwortete François, "il nous dira quand nous pourrons **partir**."

Cécile lief sofort auf den Duc zu.
"Mon beau Duc", rief sie und streichelte dem Pferd sanft über die Nase, "qu'est-ce qu'ils t'ont fait à toi?"
Der schöne Hengst wandte ihr den Kopf zu und sah sie an, als wolle er sagen: "Ne t'en fais pas, tout va bien."
Jonas musste zugeben, dass Cécile wirklich Pferdeverstand hatte. Der Duc d'Anjou sah wieder ganz normal aus, fand Jonas, keine glasigen Augen, kein Schwitzen mehr. Und wieder musste er niesen.

Inzwischen war François auf Monsieur Duvalier und Jonas zugekommen.

---

ont besoin de bouger brauchen Bewegung
agent de police Polizist
partir gehen

“Merci beaucoup **encore une fois**, Monsieur, de m’avoir rendu mon Duc. Vous ne pouvez pas savoir comme **il me tient à cœur**!”
“**Il n’y a pas de quoi**”, brummte Monsieur Duvalier. “Je vous ai déjà dit hier que c’étaient les enfants qui avaient trouvé les coupables.”
“C’est vrai”, sagte François, “mais comment avez-vous fait?”
“**En réflechissant**”, erklärte Jonas stolz. “Et puis, nous avons fait des recherches sur internet. Est-ce que tu savais que le Duc est important pour la reproduction? Tu pourrais gagner des **milliers d’euros**.”
“Vraiment?” François staunte nicht schlecht. “C’est cela que les Lavalois ont voulu faire avec mon Duc? De l’élevage?”
“Non, eux, ils ne s’occupent pas des chevaux, mais des **vols**”, erklärte Monsieur Duvalier. “C’est un cheik d’Abou Dhabi qui voulait avoir le Duc pour élever des Trakehners en Arabie.”
“Est-ce que tu vas mettre le cheik en prison aussi?”, erkundigte sich Cécile bei ihrem Vater.
Monsieur Duvalier schüttelte bedauernd den Kopf.

---

encore une fois nochmals
il me tient à cœur er mir am Herzen liegt
il n’y a pas de quoi keine Ursache
en réflechissant mit Nachdenken
milliers d’euros Tausende Euros
vols Diebstählen

“Non, je ne pense pas. Il n’est pas facile de **prouver** que c’était le cheik qui avait demandé aux Lavalois de voler le Duc. Et un policier français ne **se rend** pas **comme ça** en Arabie pour arrêter un cheik.”
“Donc, si je comprends bien, un cheik peut faire ce qu’il veut”, merkte François an.
“C’était déjà **la même chose** au Moyen Âge”, bemerkte François’ blonder Kollege. “Ou crois-tu qu’un petit **paysan** pouvait arrêter un duc?”
“Tu as peut-être raison”, musste François zugeben.
“Mais tu pourrais **négocier** avec le cheik”, schlug Jonas vor. “Il veut le Duc pour l’élevage. Tu n’es pas obligé de le vendre pour gagner de l’argent.”
François sagte nichts, aber er sah nachdenklich aus. Vielleicht gelang es ihm ja wirklich, mit dem Duc als Zuchthengst Geld zu verdienen, überlegte Jonas. Und es wäre sicher klug von ihm, mit diesem Scheich ins Geschäft zu kommen, sonst würde er bald Leibwächter für sein Pferd brauchen.

“Monsieur, quand pourrons-nous quitter Les Baux?”, fragte François an Monsieur Duvalier gewandt.

---

prouver beweisen
se rend begibt sich
comme ça einfach so
la même chose dasselbe
paysan Bauer
négocier verhandeln

"**Vous êtes si pressés?**", fragte der mit leicht spöttischem Unterton. "J'ai entendu dire que vous êtes un vrai chevalier, que vous aimez le Moyen Âge et détestez la vie moderne."
"Non, ce n'est pas ça", antwortete François, ohne sich um den Spott zu kümmern. "Les chevaux ont besoin de bouger, surtout le Duc."
"D'accord, vos collègues peuvent **s'en aller** avec les chevaux", ordnete Monsieur Duvalier an. "Mais vous, Monsieur, vous venez avec moi pour un **interrogatoire** à Saint-Rémy."
"D'accord. Est-ce je peux voir le passage secret où ils avaient caché mon cheval?", fragte François neugierig.
"Bien sûr, moi aussi, je dois le voir encore", sagte der Polizist und holte einen Schlüssel aus der Tasche. Und an Cécile gewandt: "C'était où déjà?"
"À l'Hôpital Quiqueran", sagte Cécile und wollte sofort loslaufen.
Aber Monsieur Duvalier hielt seine Tochter zurück. "Écoutez bien, tout le monde. Le passage est **le lieu du crime**. Donc, **nous y jetons juste un coup**

Vous êtes si pressés? Haben Sie es so eilig?
s'en aller gehen
interrogatoire Befragung
le lieu du crime Tatort

d'œil. Les collègues de la **police scientifique** sont déjà en route."

Zu viert – Monsieur Duvalier, Cécile, François und Jonas – gingen sie zum Hôpital Quiqueran. Jonas wurde es etwas mulmig, als sie die Treppen hinunterstiegen und er an die Schrecken seiner Entführung zurückdachte. Monsieur Duvalier schloss die Holztür auf und sie gingen einer nach dem anderen in den Gang hinein. Jonas war der letzte und er kehrte auch rasch wieder um und ging die Treppe wieder hoch. Nein, da musste er jetzt wirklich nicht mehr hinein. Er hörte Céciles Stimme.
"Comme ils sont **cruels**, les Lavalois, d'enfermer ce pauvre cheval dans un cachot!"
Das ist mal wieder typisch, dachte Jonas. Der Gaul, der arme Gaul, aber wie ich es gefunden habe, gefesselt und geknebelt im Auto zu liegen, wollte sie nicht wissen. Dafür hatte aber Madame Duvalier ihn am Abend zuvor mit geballter Mütterlichkeit überschüttet: ihm ein Bad eingelassen, eine Riesenportion Eis aus der Tiefkühltruhe geholt und danach war sie noch drei Mal in sein Zimmer gekommen und hatte ge-

---

Nous y jetons juste un coup d'œil. Wir werfen nur einen Blick drauf.
police scientifique Kriminaltechnik
cruels grausam

fragt, ob er noch etwas brauche. Gut, dass ihr Mann sie davon abgehalten hatte, bei ihm zu Hause anzurufen. Er wollte das selbst machen, wenn die Ermittlungen abgeschlossen waren. Jonas' Eltern sprachen beide fließend Französisch, sie hätten Madame Duvaliers Erzählungen verstanden und am Ende hätte seine Mutter sich sofort ins Auto gesetzt. Inzwischen gefiel es Jonas hier ganz gut und er wollte nicht gleich wieder weg.

Die anderen drei kamen wieder aus dem Geheimgang heraus und sie gingen gemeinsam zu den Pferden zurück. Die Mitglieder der Mittelaltertruppe waren dabei, die Koppel abzubauen.

"Alors, Monsieur Marmorat, on y va", bestimmte Monsieur Duvalier.

Cécile verabschiedete sich vom Duc und war sichtlich traurig, aber François versprach ihr, dass sie im kommenden Jahr, wenn die Truppe wieder in Les Baux sein würde, bei der Pferdepflege helfen dürfe.

Im Auto auf dem Weg nach Saint-Rémy fragte Cécile ihren Vater: "Est-ce que je pourrai **rendre visite** à Jonas, chez lui à Stuttgart, **un jour**? Tu sais, Marbach

---

rendre visite (à) besuchen
un jour irgendwann

n'est pas loin de Stuttgart. J'aimerais **tant** voir le haras où a vécu le fameux Julmond."

Jonas musste niesen.

"Alors, Jonas, je comprends que ton allergie **se manifeste** quand tu es avec les chevaux", sagte Cécile kopfschüttelnd, "mais que tu **éternues** quand on parle des chevaux, ça je ne comprends pas!"

Alle lachten, auch François.

"Aller à Stuttgart, pourquoi pas?", meinte Monsieur Duvalier. "Si les parents de Jonas sont d'accords. Mais pas d'**histoires policières**, compris!"

---

tant so sehr
se manifeste sich bemerkbar macht
éternues niest
histoires policières Kriminalgeschichten

Spannung – Liebe – Action – Fantasy

Welcher Typ bist du?

Informationen zu allen Titeln unter www.langenscheidt.de

Langenscheidt